Dedicatoria

Esta colección de ensayos para A(r)mar la Historia está basado en la bibliografía y cátedras de los maestros de la generación 2015, de la licenciatura en historia del Sistema de Universidad Abierta de la UNAM

La Segunda parte de esta colección tiene como tema común el origen del clasismo, el racismo y el antisemitismo como autodefensa de las clases sociales y los partidos políticos, que para suerte de todos nosotros se encuentran en extinción en México y en América Latina, por lo que lleva un especial reconocimiento a los siguientes especialistas.

Gerardo Martínez Hernández (México Colonial)

Karina Kloster (Materialismo Histórico)

Omar Velazco Herrera (Teoría Económica

Raúl Domínguez Martínez QEPD (Historia Moderna)

Y Tesiu Rosas (Prehistoria y México Prehispánico)

Ellos nos hicieron sentir que la generación 2015 de la licenciatura en Historia de la Facultad de Filosofía y letras de la Universidad Nacional Autónoma de México, era la mejor que había pasado por sus aulas, este libro intenta ser una muestra de que no los Defraudaremos.

Lodedico a aquellos que no pudieron estudiar la licenciatura en Historia, porque alguien les dijo que "morirían de hambre", y también a muchos que lo intentaron, pero que por las razones más diversas no pudieron persistir en el empeño.

Temario

José Martí y Nuestra América

Historias para A(r)mar la Historia

Volumen II

Ramsés Ancira

Con la colaboración de Joaquín Berruecos

Todos los Derechos Reservados

(Foto de Portada y fondo de Contraportada)

Dragón de Cuera. Representa a un soldado realista de la Nueva España a finales del Siglo XVIII

Auto retrato de José Luis Rodríguez Alconedo, independentista mexicano

Contenido

Presentación del autor al Tomo II

Segundo volumen de la serie Historias para Armar la Historia

Este libro incluye nuevos artículos de la Sección C, dedicada al estudio del México Colonial, con el objetivo de formular un nuevo inicio para sustentar mi hipótesis como autor de que al menos desde 1521, con la caída de Tenochtitlán, habría de nacer una nueva raza en el planeta, la raza latinoamericana.

Como periodista, advierto de una vez para evitar decepciones a los puristas y al mismo tiempo atraer a otros lectores, que no me he podido desprender de la obsesión por aplicar los hechos de la historia para la comprensión de nuestro presente en el primer cuarto del siglo XXI.

Así, no quise eludir consideraciones de carácter político, como el de que la teoría marxista sobre la violencia, explicada en la *Acumulación Original de la Riqueza*, aplica perfectamente en situaciones como los fraudes electorales en México.

Este segundo volumen de nuestras "Historias...," también intenta sintetizar algunas corrientes políticas y enfoques ideológicos, al análisis de la historia en los siglos XIX y XX.

No se pretende que este libro, ni el que lo antecede, y el que probablemente seguirá, se lean en orden. Cada artículo y libro de referencia tiene la intención de que sea comprendido en forma individual para que cada lector decida que historias le sirven para formarse y armar su propia Historia.

Por eso se proponen nuevas secciones.

La **F** incluye trabajos sobre Latinoamerica, sus revoluciones, ideas filosóficas e independencias; la **G** versa sobre la primera parte de **El Capital,** de Carlos Marx, tratando de hacerlo comprensible y práctico a los lectores de nuestros tiempos, sin ideologizarlo sino tratar de entenderlo como método de explicación del devenir de la historia.

En esta misma sección consideraremos a otros autores clásicos y en forma muy sintética procuraremos conocer sus ideas, que también fueron las más influyentes en el mundo moderno a causa de nuestras deformaciones euro centristas, pero que procuramos diferenciar y poner aparte de las originadas por los pensadores latinoamericanos.

SECCIÓN C.

México y América, Etapa Colonial

Antecedentes a la Conformación de un Nuevo Mundo

Basado en la *Enciclopedia de conocimientos fundamentales*. Historia. Geografía.

Vol. 3, "2.3 La corona de Castilla y la construcción del primer EstadoModerno", pp. 106-120.

Previo al encuentro intercontinental patrocinado por la corona de Castilla, fortalecida con el matrimonio de Los Reyes Católicos, los territorios que se iban a integrar en el reino de España tenían dos problemas principales, la presencia de los moros en Granada y la abundancia de salteadores de caminos.

Estos fueron los retos que enfrentó la pareja de monarcas y de cuya resolución surgieron, primero

instituciones, y posteriormente uno de los primeros estados modernos. Para resolver el problema de la

inseguridad en los caminos y para garantizar la estabilidad del gobierno en las ciudades, los Reyes Católicos se valieron de dos poderosas instituciones: la Santa Hermandad y los corregidores. La primera era una organización conformada por nobles que se ocupaba de recorrer los caminos y luchar contra los bandoleros y salteadores.

Entre las primeras instituciones fundadas por los reyes figuran las Cortes de Toledo y la Suprema Inquisición, las primeras con el propósito de organizar el gobierno y la segunda para imponer las reglas de la religión y el "cumplimiento de la fe".

Si el poder de los reyes se justificaba en la voluntad de Dios, no era entonces extraño que se afianzara el poder de la iglesia, para que esta a su vez fortaleciera el poder del gobierno. La inquisición, cuya fuerza central había estado hasta entonces en Castilla, extendió sus tentáculos y profundizó raíces en Aragón.

En la Edad Media el ascenso social se obtenía generalmente por los servicios militares. El poder se acrecentaba con los hechos de armas; pero para poder gobernar lo ya conquistado se necesitaba de administradores y los conocimientos necesarios se adquirían en las universidades, de ahí que uno de los grandes méritos de los Reyes Católicos habría sido el decidir emplear como burócratas a aquellos que demostraran:

...haber estudiado en los estudios de cualquier universidad de estos nuestros reynos o de fuera de ellos y residido en ellos estudiando derecho canónico o civil a lo menos por espacio de 10 años (Nueva recopilación de las Leyes de España 1566)

1492

Según se mire, 1492 puede haber sido el año del inicio de la grandeza del estado español o el de la mayor tragedia para la civilización y la segregación racial. En ese mismo año no solo Cristóbal Colón traza las rutas navales que comunicarían a dos continentes, sino que se expulsa a los judíos de España y se pierden sus aportaciones a la ciencia y la medicina, además de que al conquistar Granada se pierde el último bastión árabe, pueblo al que se debía el rescate de las grandes contribuciones occidentales a las matemáticas, la filosofía y la política, entre otras disciplinas, que ellos habían rescatado de la cultura griega y latina.

El imperio español puede dar inicio a la globalización, el tráfico planetario de mercancías y al capitalismo, pero la concentración del poder pudo haber traído al mismo tiempo la pérdida de diversas culturas. De cualquier manera, luego de 1492 se crean otras instituciones que fortalecen a la corona imperial, el Consejo de Aragón (1494) el Consejo de las Órdenes Militares (1495) el Consejo de Indias (1524) el Consejo de Estado (1521) el de Hacienda (1523) y luego los Consejos de Guerra: De Italia (1555). De Portugal (1582) y de Flandes (1588). La pura enumeración de los nombres da idea del espacio geográfico que abarcaba para entonces el imperio español, que se había convertido para entonces, por su extensión, en el mayor de la historia.

En su favor, dice la enciclopedia: La Corona, hacía grandes esfuerzos, las universidades y los universitarios aumentaban como nunca antes y como muy probablemente solo volvería a verse en el siglo XX. Las instituciones gubernativas y de justicia se multiplicaban, pero el imperio tenía una geografía inabarcable.

Apuntes para una tesis sobre la caracterización del criollismo

Solange Alberro, *Del gachupín al criollo. O de cómo los españoles de México dejaron de serlo*,

"Capítulo II. Los hombres y las circunstancias", pp. 55-88.

Caracterizados en los primeros años de la colonia como flojos, jugadores, parranderos y alcohólicos, y en los últimos como los promotores indiscutibles de la Independencia, los criollos merecen un estudio especial en la historia pues bien se podría decir que representan una nueva raza, a la que se le podría llamar Latinoamericana, o incluso más concretamente mexicana.

Vicente Riva Palacio dice en su *Compendio Generalde México a Través de los Siglos:*

Desde que España colonizó en el Nuevo Mundo echó en el los gérmenes de una sociedad nueva también: la mezcla de los conquistadores y conquistados forzosamente hubo de producir otra raza igualmente diversa de la española y de la india

Y más adelante:

"A primera vista descubríanse tres distintas agrupaciones de hombres cuyos intereses, necesidades y aspiraciones tenían que ser, y en efecto eran diversos, y esa divergencia, desarmonizando el conjunto, producía sombras desapacibles, quizás siniestras (...) Destacábanse en primer término los españoles netos (...) Los criollos formaban la segunda agrupación: mezcla de indios y de europeos, alcanzaban una educación igual o semejante a la de los españoles, con quienes tenían mayor afinidad por razón de sangre, del idioma y las costumbres pero con raras excepciones, alejados de los puestos públicos; sin representación importante en el gobierno hasta los últimos tiempos en que la constitución vino a otorgar algunos derechos políticos (...) Formaban la tercera agrupación los antiguos aborígenes, indios de las primitivas razas..."

Del libro de Solange destaca la cuantificación:

Españoles, peninsulares o criollos, 0.5 por ciento de la población total del país en 1570, 10 por ciento en el siglo XVII y 20 por ciento para finales del siglo XVIII, esto es unos 80 años después de la consumación de las guerras de Independencia.

Si se considera que para entonces ese 20 por ciento de la población acaparaba la mayor parte de las riquezas, podríamos tener algunas pistas de porque se produjeron las guerras de la revolución, donde también destacará un criollo, hijo de mujer indígena y padre probablemente criollo también, Porfirio Díaz.

Pero regresando al texto *Del Gachupín al criollo* se destaca también su ubicación geográfica al centro de la Nueva España:

Relativamente numerosos, aunque ampliamente minoritarios en las ciudades del altiplano, en particular Puebla y México, lo seguían siendo aún en las regiones agrícolas que abastecían los centros vitales del virreinato. – Como el Valle de Puebla y la zona del Bajío- volviéndose pronto escasos a unos 250 kilómetros de la capital y excepcionales en las costas y los confines del Norte y la América Central

Merece especial atención lo que dice el autor de cómo al disgregarse y volverse viajeros, muchos españoles perdieron su cultura, unos por volverse vagabundos, frailes que colgaron el hábito o soldados. Tal vez entre ambos, al buscar una nueva profesión se convirtieron en mercaderes o en aventureros.

Como sea, la geografía debió contribuir a comportamientos nuevos, la de América, pródiga en recursos naturales y por lo tanto en alimentos más accesibles proporcionaba una vida más relajada en contraste con la europea que requería de ahorros para los tiempos de las malas cosechas y para los contrastes climáticos.

No es entonces de extrañar que a estos criollos se les caracterizara como flojos o disolutos, en contraste con sus ancestros esforzados y ahorradores, lo que no es culpa de los primeros ni virtud de los segundos, sino que como dice el propio Solange Alberro se trata de los hombres y las circunstancias

Precisamente en el capítulo *Los Hombres y las Circunstancia*, citando el **Epistolario de Nueva España** y a Francisco del Paso y Troncoso se nos presenta una estampa que a la luz de la mayor parte de la historiografía conocida resulta casi inverosímil que es la del gobernador de Guaxocingo, (Puebla en el Siglo XXI) que trae como paje a un niño español de ocho años.

Lo que viene a confirmar que los estereotipos no necesariamente son fieles y acordes a la realidad, como ocurrió con dos criollos a los que se acusaba de flojos y parranderos. Uno de ellos construyó al final "Casa de Azulejos" que persistió por los siglos en lo que después fue Eje Central y Madero, en el centro histórico de la Ciudad de México, y otro fue canonizado con el nombre de San Felipe de Jesús.

La raíz judía de la raza latinoamericana

Criollos no, mestizos tal vez, pero la esencia de la raza latinoamericana no está sólo en los españoles, no sólo en las etnias prehispánicas, sino en una mezcla mayor de orígenes. A la población de origen negro se le considera como la tercera raíz. El color de la piel de Vicente Guerrero y José María Morelos, así lo confirma, pero hay otra raíz incluso anterior, la judía, que va desde Luis de Carvajal, primer escritor literario judío en la Nueva España, hasta Justo Sierra Méndez, fundador de la Universidad Nacional, pasando por Juliantla, originalmente Judiantla en el Estado de Guerrero.

Vista así, la judía, sería realmente la tercera raíz de la nueva raza mexicana, y la negra, la cuarta, puesto que los africanos llegaron masivamente en forma posterior.

Asentado ya este antecedente cronológico, bien poco importa el número ordinal que se le asigne, pues a más de cinco siglos del llamado encuentro de los mundos, la mezcla de sangres es tan homogénea, que como en las matemáticas, el orden de los factores no altera el producto.

Al final de cuentas solo existe una raza, la humana, y mientras la arqueología no demuestre lo contrario, la genética indica que Moisés, Ramsés y el príncipe maya Canek, tenían a la misma tatarabuela, alguien como Lucy, una bípeda bastante peluda que vivió cerca de Etiopía hace varios millones de años.

(Un paréntesis, Lucy se llama así, porque los Beatles eran el grupo favorito de los arqueólogos que la descubrieron hacia 1974, y la canción dedicada al LSD, *Lucy in the Sky with Diamonds,* era una de sus preferidas) Más allá de las diferencias en la cantidad de melanina, que hacen más claro u obscuro el tono de nuestra piel, la distancia genética entre el doctor Bashar Al Assad, mandatario de Siria y Benjamin Netanyahu, Primer Ministro de Israel, es de solo el 0.01 por ciento.

Entonces ¿Por qué molestarse en averiguar siquiera acerca de la raíz judía de la raza mexicana o aún más allá, de la raza latinoamericana?

Bueno, pues porque la cultura es lo que hace al hombre distinto de otras especies animales. Si a códigos genéticos vamos, todos los seres vivos somos producto de enlaces de carbono e hidrógeno y la diferencia entre el código genético de un plátano y el de un hombre sabio, sería de acaso un cuatro por ciento. Por eso nos podemos alimentar con carbohidratos.

Sin embargo el estudio de las razas, como bien lo dice el especialista en genética de poblaciones de la Universidad de UTAH, Alan Rogers, si tiene utilidad para conocer los orígenes y migraciones de nuestra especie.

Más allá de la caracterización como moral "judeocristiana", corre en nuestras venas mexicanas una mezcla de sangres indígenas, españolas, judías y negras. Si el genoma humano está constituido por unas tres mil millones de bases, ese 99.9 por ciento que nos distingue a los latinoamericanos de los aborígenes australianos, o de las tribus del Amazonas, - por mencionar a los probablemente más puros desde el punto de vista genético - nos separan de ellos acaso 30 millones de subunidades y ¿qué creen? Seguramente en estas habría equitativamente repartidas, algunas bases genéticas judías, prehispánicas, españolas, negras y en muchos casos seguramente, hasta árabes.

La culpa la tuvo Isabel

En esta hipótesis o línea de pensamiento, la razón o explicación de que los judíos hayan sido obligados a ser parte de la génesis de la raza mexicana, o latinoamericana, se encuentra en que en el mismo año de 1492, cuando

Cristóbal Colón recibió los fondos para la expedición que terminaría en las islas de un nuevo continente, también se desató la persecución a los judíos, quienes fueron obligados a exiliarse de la península ibérica o a cambiar de religión.

La política de Isabel la Católica y Fernando de

Aragón iba a dar origen no solo a la unificación del reino español, sino a la creación del mayor imperio que haya existido en la historia de la humanidad, pero también a la universalización de los judíos, que iban a ser obligados a expandirse por el planeta, señaladamente por el Nuevo Mundo.

De una de estas familias procedía Antonio de Carvajal (homónimo por cierto y tal vez ancestro de Antonio Carbajal, el primer futbolista mexicano que jugó en cinco copas del mundo) uno de los capitanes de los bergantines que armó Hernán Cortés para navegar por Tenochtitlán y conquistarlo.

El éxito de Antonio de Carvajal permitió que viniera también a México su hermano Luis, quien llegó a convertirse en el gobernador del Nuevo Reino de León (si les suena a Monterrey, Nuevo León, están en toda la razón).

Ahora imaginen cómo iban a tomar los españoles que un judío de ascendencia portuguesa, un "marrano" como se les llamaban volviera a colocarse a la cabeza del poder político y económico. Para eliminarlo acudieron al popular recurso de acusarlo a la inquisición, fue tomado preso y murió en 1590 cuando aguardaba la extradición a España. Tenía 50 años de edad.

Su hijo tuvo un destino aún más cruel.

Vidas paralelas en la raíz cultural judía de México

La doctora en literatura Angelina Muñiz-Huberman es en el Siglo XXI, un ejemplo particularmente interesante de la cultura en México. Hija de republicanos españoles que huyeron de su país, expulsados por la alianza que hizo Franco con Hitler para establecer una dictadura.

Era ya una jovencita cuando se enteró que no solo era descendiente de una familia de liberales españoles, sino también de judíos progresistas.

De sus raíces hablan al menos dos libros publicados en México*La lengua florida: antología sefardí* (1989) y *Las raíces y las ramas: fuentes y derivaciones de laCábala hispanohebrea* (1993)

La doctora Muñiz-Huberman es referencia de la cultura mexicana de nuestros tiempos. De la misma manera Luis de

Carvajal fue el primer escritor en castellano que no se limitó a reseñar la conquista o peticiones a la Corona, sino a escribir poesía y literatura. Es, en otras palabras, el primer productor de arte en Nueva España.

El proceso del gobernador del Nuevo Reino de León, afectó a toda su familia y su sobrino Luis, llamado El Mozo para distinguirlo de su tío, también fue apresado, pero dejado en libertad. No por mucho tiempo.

Luis de Carvajal, El Mozo, nunca pudo librarse del estigma de "judaizar". Una de las pruebas usadas en su contra fue haber escrito un libro que empezaba con las palabras En el nombre del señor de los Ejércitos, traducción de la oración en hebreo que inicia con be shem Adonay Zebaot.

La primera vez que detuvieron al poeta lo condenaron a prisión perpetua en el Hospital de Lunáticos de San Hipólito. La segunda, seis años más tarde, fue mucho peor. Lo ataron a una parrilla metálica y lo mantuvieron cerca del fuego durante casi cinco horas, durante las cuales le arrancaron más de 100 nombres de personas que practicaban la fe judía. Cuando al fin lo liberaron se arrojó por una ventana para librarse de la tortura y luego negó todo lo confesado.

Sobrevivió a las quemaduras y a lesiones que sufrió al arrojarse por la ventana durante 10 meses. Finalmente fue puesto en una hoguera hasta su muerte. Era el 8 de diciembre de 1596.

Angelina Muñiz-Huberman nació el 29 de diciembre de 1936, 340 años antes Luis de Carvajal, andaba en sus 30 años cuando ocurrió su asesinato, disfrazado de juicio en el "Santo Oficio". Para escribir usó el seudónimo, José Lumbroso. Lumbroso porque se consideraba iluminado por la gracia divina, como José, el adivinador de sueños. Yosef por la forma de pronunciar en hebreo.

Sobre Carvajal y su tío ha escrito Sabina Berman una obra de teatro. Los Carbajales. Lamentablemente la mejor biografía no se ha traducido al español, se llama **TheMartyr** y se subtitula *Luis de Carvajal, a Secret Jew inSixteenth-Century Mexico*. Fue escrita por Martin Cohen, con una valiosa introducción de Ilan Stavans. Su lectura es una de las mejores pruebas para esta hipótesis de esa doble raíz, cultural y genética, en la génesis de nuestra raza.

Sobre la Fundación de la Real Universidad de México

Basado en **Tan lejos, tan cerca: a 450 años de la Real Universidad de México. Pavón Romero,**

Armando Instituto de Investigaciones sobre la Universidad y la Educación 2016. Referencia en Internet:

http://www.librosoa.unam.mx/bitstream/handle/123456789/391/PDF%20Tan-

lejos%2c%20tan-cerca%20%28Clara%20In%C3%A9s%20Rmz%29.pdf?sequence=1&isAllowed=y

Aunque la Universidad Nacional Autónoma de México no puede ser la misma que la Real Universidad de México, simplemente por el hecho de que en el siglo XXI México es una República y no una colonia del Imperio, no deja de ser un referente el hecho de que en esta parte de lo que hoy consideramos Norteamérica, exista una institución de educación superior que supere al año de 2017, los 466 años de historia.

Para la memoria y la referencia rápida se puede usar el dato de que habían transcurrido 30 años desde la caída de Tenochtitlán, cuando se expidió la Cédula Real para la creación de la Universidad en 1521.

Sobre las razones detrás de la creación de la Universidad, Pavón destaca que la encomienda, el sistema que permitía apropiarse del trabajo de los indios, había traído devastadores consecuencias al diezmar la población en las Antillas.

Al crear la Universidad se reducía un poco el poder de los conquistadores, aumentando el de los religiosos, con una herramienta que además facilitaba la evangelización. Al mismo tiempo se creaba una institución que alentaba el arraigo de los colonizadores en estas tierras, según considera Pavón, basado en los argumentos que fijó el Ayuntamiento de la Ciudad de México.

Aún no se cumplían quince años desde la caída de Tenochtitlán cuando el obispo Fray Juan de Zumárraga había inaugurado el Colegio de Santa Cruz de Tlatelolco, que procuraba dar instrucción a los hijos de la nobleza indígena vencida.

Quizá no está demás apuntar al margen que antes de la conquista, la escuela, tanto para hombres como para mujeres ya estaba institucionalizada entre los mexicas, de manera que el sometimiento de los naturales debía ser más difícil aun si les quitaban todas sus tradiciones, la del Calmecac, por ejemplo.

Con palabras del obispo Zumarraga, Pavón argumenta que los religiosos tenían dudas sobre cómo enseñar, que hacía falta donde informarse "y no hay universidad de letras a donde recurrir". En consecuencia, dice el investigador universitario "...la universidad era concebida, fundamentalmente como una institución consultiva que apoyara las labores de cristianización". Hubo una controversia de poderes pues en principio se entendió que Zumárraga deseaba aumentar la instrucción de los indios, de manera que cuando la reina consultó la opinión del Virrey Antonio de Mendoza esta no resultó favorable, en cambio cuando se argumentó que sería el ayuntamiento y no tanto los religiosos los que administrarían la Universidad, digamos, que le convenció de dar su visto bueno.

Ya desde 1541 el rey había nombrado a un lector de teología "Para la Vniuersidad que en esa cibdad hemos mandando hazer" (Sic). Sin embargo, esta no prosperó para ser considerada como tal, una Universidad, que sin embargo se hizo real con la Cédula Real de 1551.

Lo que podría tomarse como un acontecimiento histórico es la intención democratizadora pues en las peticiones al Rey Felipe II se establecía que en ella podrían estudiar "los hijos de españoles e naturales".

Sin embargo, Pavón no es tan optimista pues considera que en realidad había celo de que los hijos de los nobles indígenas si contaran ya con un lugar para instruirse, como era el Colegio de Tlatelolco, mientras que no había un equivalente para que acudieran los hijos de los conquistadores.

Un dato curioso es la donación que hizo el Virrey Antonio de Mendoza para la fundación de la Universidad y que incluye tierras cuyo valor no conocemos, pero sí que estaban dotadas de mil vacas, cien yeguas y dos mil ovejas.

Muy probablemente aquí pueda verse la intención de una Universidad autosustentable ya que se habla de yeguas y no de caballos, y por las relaciones de Hernán Cortés sabemos que estas eran mucho más valiosas para los españoles del siglo XVI, toda vez que se reproducían.

Causas y circunstancias que facilitaron la Conquista de México

Basado en John H Eliot, *España, Europa y el Mundo de Ultramar*, Editorial Taurus.

No es el materialismo, como creyó Marx, negando cualquier influencia del espíritu humano; ni la economía, como se simplifica el marco teórico de Adam Smith; lo que puede explicar cómo una expedición de menos de 700 personas, no solo hombres, porque también venían al menos 20 mujeres, logró conquistar una región de millones de habitantes, ubicada al otro lado del océano desde su lugar original de procedencia.

El historiador de origen británico John Huxtable Elliot, nacido el 23 de junio de 1930, doctorado en historia en la Universidad de Cambridge en 1952, y autor de *España, Europa yel Mundo de Ultramar,*publicada por primera vez en inglés en el año 2006 y traducida al español en 2009, aporta un análisis alternativo para comprender un suceso que sigue afectando la vida de Latinoamérica al paso de los siglos, pero que es mayoritariamente aceptado y menos comprendido.

Inicia Elliot el Capítulo VI de su libro, titulado *LaApropiación de Territorios de Ultramar por las PotenciasEuropeas,* citando a Adam Smith cuando dice que "el Establecimiento de colonias europeas en América y las Antillas, no nació de la necesidad"

Y en efecto, los europeos ya se habían instalado con relativa comodidad en las islas del Caribe. La naturaleza había sido pródiga con los nativos lo que, en una conclusión personal, les había dado lo necesario para una existencia pacífica, por lo tanto no tenían necesidad de la guerra, ni de sus artes mortales.

Los salvajes eran los españoles, a esa condición les habían llevado también siglos de guerra con los musulmanes y de pugna ideológica con su religión católica.

Elliot dice que los europeos tenían distintas maneras, que los que después iban a ser llamados americanos, para hacer la guerra; los primeros mataban para diezmar a los enemigos, los segundos tomaban prisioneros, para sacrificarlos en rituales.

Diezmados por la viruela y otras enfermedades, entre ellas las venéreas, además de la guerra de exterminio que los españoles realizaron, como consta en las cartas de Fray Bartolomé de las Casas, su dominio en las islas estaba consolidado, no así en el Continente donde sobrevivían españoles de otras expediciones, como es el caso de Jerónimo Aguilar, según anota en su cátedra de la UNAM el doctor Gerardo Martínez.

Si los mayas y los aztecas se hubieran comportado como europeos, muy probablemente habrían asesinado a esos peninsulares náufragos o extraviados, los habrían "matado en caliente" y la conquista jamás hubiera culminado. La señora Malinche no le habría traducido al maya a Jerónimo de Aguilar lo que ella sabía en náhuatl, y el fraile no le hubiera podido traducir a Cortés, al castellano, lo que se sabía del Imperio Azteca.

La expedición de Cortés, dice Huxtable Elliot *comenzóautorizada como expedición de rescate (cambio o trueque) y acabótransformada por su comandante en expedición de conquista.*

¿Qué hizo decidirse a Cortés a desobedecer a su jefe y buscar la conquista? Tal vez aquí sí aplique la explicación marxista de la lucha de clases. Como apunta el doctor Martínez, Hernán y sus soldados procedían de las regiones españolas de mayor pobreza y tradición militar. Es lógico pensar que con la mentalidad medieval que aún les dominaba: poseer tierras y renovar la gloria de ser Hidalgos ("hijos de algo" o de alguien que había sido distinguido por sus hazañas militares o sus servicios a la Corona) les impulsara a conquistar nuevas tierras, sin importar que estas ya tuvieran dueño.

Aunque la inferioridad numérica de los europeos era tanta, que el uso de cabalgaduras no es suficiente para explicar sus victorias militares, sin duda también influyó. Eso de que los indígenas hayan creído que corcel y caballero eran lo mismo, puede funcionar como explicación didáctica o desde la perspectiva de las *almas cándidas* que quisieron ejemplificar los misioneros, pero seguro no pasaron más de 10 minutos antes de que los naturales se dieran cuenta de que caballo y jinete eran sujetos distintos y también sangraban y morían.

España, dice Elliot citando a Adam Smith, no tenía un exceso de población que fuera esencial para impulsar nuevas conquistas en Ultramar. Europa y Asia ya no ofrecían condiciones para la expansión de los españoles, ninguna otra región del mundo ofrecía tantas facilidades para la dominación española que América.

Y citando a Cristóbal Colón: <<"Oro sin cuento" ruibarbo y canela, especiería y algodón, además de esclavos de los "idólatras">>

Superando las ideologías, que resultan estorbo para el historiador, pues le quitan perspectiva y objetividad científica, España también tenía un compromiso moral después del Tratado de Tordesillas, con el que el Papa había dirimido las diferencias con Portugal, y este era el de evangelizar. El apunte de que la Inquisición no podía afectar a los naturales porque sus potestades se limitaban a los que traicionaran la fe cristiana, ayuda a explicar porque la conquista también se basó en la persuasión y no solo en la violencia.

No solo la accidental guerra biológica; la diferencia entre las estrategias de guerra de los europeos y americanos de matar o hacer prisioneros, ni el concepto sobre el valor del oro, que daba poder a los primeros y ornamento a los segundos, explican la conquista. Sí el hecho de que los españoles estaban cohesionados en el afán de conquista y los americanos estaban hartos de una forma de gobierno que los dominaba y les exigía tributos, y esto es válido tanto para México como para Perú, o para Tenochtitlan y El Dorado, si se prefiere.

Colonización y evangelización de laNueva España

Basado en Antonio Garrido Aranda, Moriscos e indios. *Precedentes hispánicos de la evangelización en México*

Para entender el proceso de evangelización en América el autor plantea como lidiaron los religiosos con el tema a partir de las pugnas ideológicas que ya existían en Europa por las distintas creencias católicas y las de moros y judíos.

La conquista de Granada planteó a los católicos la necesidad de prepararse mejor para extender su religión y uno de sus métodos fue la fundación de seminarios.

Hacia 1492 la orden franciscana se hallaba dividida en dos grandes ramas, de hecho, independientes, observantes y conventuales, resultado de dos tendencias que interpretaban bajo prismas distintos, la pobreza franciscana.

Fray Juan de Puebla creó una casa franciscana en Granada para la conversión de mudéjares. Garrido Aranda observa que había pugnas entre los franciscanos observantes, quienes evangelizaban y guardaban los votos de pobreza y la jerarquía franciscana que pugnaba por conservar privilegios, los primeros emigraron a Extremadura y se congregaron en los pueblos de Trujillo, Salvaleon, Villanueva del Fresno y Alconchel.

Tenemos la opinión ofrecida por el fraile dominico Miguel de Arcos que en carta al Arzobispo de México (1551) sostiene que Nueva España debía ser la Granada al otro lado del océano.

Los frailes asentados en la Nueva España, entre los que se encontraba Motolinía dirigieron al rey una carta el 20 de noviembre de 1555 en la que advertían que la ambición de riqueza de algunos clérigos en el reino de Granada había dejado a los "moros como el primer día"

Otra experiencia previa de evangelización la habían tenido los franciscanos en las Islas Canarias, frente a las costas africanas, aunque el autor dice que hasta ahora hay escasa información sobre los métodos que emplearon.

En la Nueva España

Los religiosos de las tres órdenes – franciscanos, dominicos y agustinos- se constituyeron en los portadores de la fe en México, actuando en solitario a lo largo de la primera mitad del siglo XVI. Ni el padre Olmedo, capellán de Hernán Cortés, ni Pedro de Gante, el lego franciscano, pusieron en marcha una metodología de evangelización sino que su labor fue, en principio, esporádica y desorganizada.

Como los apóstoles del Nuevo Testamento, los franciscanos llegaron a la Nueva España en un grupo de 12 y con estos inició la organización católica en México y el proceso de evangelización en el periodo que va del año 1525 a 1572.

Su jurisdicción espacial la formaban las custodias de Michoacán, Yucatán, Jalisco, Zacatecas, Guatemala, Perú, Florida y Nicaragua,

La siguiente orden en llegar al "Nuevo Mundo", en 1526, fue la de los dominicos quienes ejercieron su ministerio en la región mixteco-zapoteca de Oaxaca y en lo que sería más tarde la Ciudad de México. La tercera fue la de los dominicos, en 1533 y según nos informa el autor de Moriscos e Indios, su estrategia fue la de asentarse en lo que ya habían sido centros espirituales de los indígenas: Cholula, Texcoco, Tlaxcala y Teotihuacán en el centro de la región conquistada y Mitla, en el sur.

Merece especial mención la preocupación de los religiosos españoles por aprender las lenguas indígenas para lograr el adoctrinamiento de los naturales, lo que ya habían experimentado con los moros, y de lo cual da cuenta el antecedente de la obra *El Arte para ligeramente saber lalengua arábiga*, de Pedro de Alcalá.

Los religiosos identificaron en la Nueva España un total de 180 lenguas "todas indispensables para los misioneros en su afán de conectar con los naturales para la transmisión de la nueva fe (Orozco y Berra 1864). Desde el primer momento el idioma se usó como instrumento colonizador..."

Fray Bartolomé de las Casas, historiador poraccidente de su profesión de abogado

Presentación

Aunque Fray Bartolomé de las Casas había sido retirado esta vez del programa de Historiografía II, probablemente por la dificultad de encontrar archivos digitales sobre su obra, lo que resulta casi indispensable para alumnos que trabajan y estudian, y por lo tanto requerimos la portabilidad de los documentos, me pareció importante la oportunidad de trabajar sobre él para contrarrestar la tendencia que centraliza en Europa el estudio de la historia.

Además, sentí que hace mucha más falta que se investigue sobre las fuentes históricas de lo ocurrido en nuestro país, que lo que puedan aportarnos Descartes o cualquier otro clásico.

Más allá del maestro emérito Miguel León Portilla, hay fuentes importantes y disponibles para estudiar a De las Casas, gracias a que en 1992, en ocasión a las trabajos para conmemorar los 500 años del llamado "encuentro de los mundos" se editaron en España sus obras completas, en una edición de dos tomos, en una obra de más de mil páginas, editada por la Orden de Predicadores Dominicos, bajo el cuidado de Ramón Hernández y Lorenzo Gálvez, cuyos derechos comparten la Junta de Andalucía y la Sociedad Editorial, del V Centenario.

Este trabajo se encuentra disponible en el quinto piso de la Biblioteca Central de la UNAM y es el que utilizamos para realizar este ensayo- Quien no tenga la suerte de poder acceder a estas obras completas en la Biblioteca Central de la UNAM, o en alguna otra puede adquirirla en línea con estos datos: *Obras completas de Bartolomé de las Casas*, Alianza Editorial. I.S.B.N: 84-206-4075-1; aunque hay que advertir que esta edición consta de 15 tomos; otros trabajos sustanciales han sido publicados por el Fondo de Cultura Económica.

Fray Bartolomé de las Casas. El Autor De Fray Bartolomé de las Casas se sabe que nació en Sevilla y diversas fuentes ubican este acontecimiento en 1474 o en 1584, siendo esta la fecha más probable ya que en 1516 él mismo presentó una declaración jurada en la que establecía tener a la fecha 31 años de edad (BORGES, Pedro (1990) *Quién era Bartolomé de las Casas*, Madrid, ed. Rialp col. <Libros de historia, nº33> ISBN 84-321-2670-5)

Pero lo que consideramos más relevante es que antes de tomar los hábitos De las Casas fue soldado y encomendero. De hecho, cita que Cristóbal Colón tomó y repartió 300 indios, lo que le valió una reprimenda de la reina Isabel la Católica, quien le reclamó que no podía servirse así de sus vasallos y ordenó liberarlos.

Uno de esos indios fue entregado al propio de Las Casas y es probable que este hecho haya sido fundamental para que naciera su pasión por el derecho, que estudió con el declarado propósito de convertirse en defensor de los aborígenes.

Esta anécdota de cómo llegó a entrar en contacto con uno de los indios liberados por la reina, la publicó en *Treinta proposiciones muy jurídicas*. 1552; folio 1 V

El Propósito en la Obra Histórica de Fray Bartolomé de las Casas

Antes de entrar a detallar a la obra histórica de Fray Bartolomé de las Casas puede convenir advertir que su propósito no parecía ser llegar al gran público por muy interesantes que pudieran parecer las atroces descripciones de cómo se abusaba en la guerra de conquista, sino que el propio rey Carlos V le pusiera freno. Por eso sus cartas están dirigidas o bien al soberano o a su hijo el príncipe Felipe o a Fray Domingo de Soto. Confesor de su Majestad.

Por eso la consideración de que más que historiador, lo que Bartolomé de las Casas hacia era ser un abogado que documentaba sus causas narrando historias de las atrocidades que él mismo presenciaba o que otros frailes, generalmente dominicos, le referían.

La Obra Histórica

Sabemos que fueron miles de fojas las que escribió Fray Bartolomé, generalmente con la intención de defender la libertad de personas o comunidades enteras. Lo podemos saber gracias a que se refiere a ellas, aunque no todas estén publicadas.

Una de estas referencias es el título de una de sus obras: Más de 17 remedios a las cuestiones de los indios.

Solo se publica, sin embargo, el numerado como remedio 8, donde hace referencia a varios más. En síntesis, si nos atenemos al título de la obra y son al menos más de 17 remedios, debemos concluir que fueron miles de fojas para denunciar abusos.

Podríamos enumerar así sus trabajos:

1.

Historia de las Indias I al II

2.

Apologética Historia I al III

3.

Tratados de 1552

4.

De Thesauri

5.

Doce dudas, De Regia Potestate;

6.

Memoriales (conteniendo Cartas y Varios) y

7.

Diario del primer y tercer viaje de Cristóbal Colón.

Entonces resumiendo los títulos, aunque estén separados en varios tomos, podríamos concluir que la obra de Fray Bartolomé de las Casas, esencial para conocer la historia de La Nueva España en los siglos XV y XVI, está contenida en los siete nombres enunciados.

LAS FUENTES

Una de las razones que me hacen considerar a Fray Bartolomé de las Casas como uno de los historiadores más importantes de todos los tiempos, es que a lo largo de toda su obra repite insistentemente que no habla porque le contaron, sino por su propia experiencia.

Son tan explícitas sus descripciones que a la luz de nuestros días podrían equipararse los abusos de los españoles a los de los nazis en el Siglo XX. Esto es así a tal grado que en la presentación de sus Obras Completas, el dominico Ramón Hernández, después de un primer prologo se atreve a matizar en una nueva presentación que Fray Bartolomé de las Casas, al estar defendiendo sus causas como abogado, sólo presentaba el punto de vista de las víctimas, por lo que su trabajo como historiador sería parcial.

Sin embargo también se aprecia que De las Casas se enfrentó a la censura y una prueba de ello es que el 29 de noviembre de 1553; el cabildo de México prohíbe la impresión de la Brevísima relación de la destrucción de las Indias que hubiera dado a conocer en la Nueva España lo que el fraude dominico había hecho saber al soberano español, quien por cierto se mostró más que tolerante y receptivo a las denuncias del también abogado. Una broma local para aligerar la lectura nos hace apuntar que Carlos V si se merece el nombre en un chocolate.

Pero más en serio, Bartolomé de las Casas, en su pasión por la causa indígena representaba un peligro para el capitalismo invasor, el capitalismo más salvaje pues se sustentaba en la esclavitud. Esto fue así a tal grado que, si bien no se atrevían a eliminarlo, como hoy se hace con los opositores políticos, matándolo o encarcelándolo como podría compararse con doctor Mireles en el régimen de Peña Nieto, si se pagaban plumas para contradecirlo y denostarlo.

La referencia al hecho de que Juan Ginés de Sepúlveda fue pagado por los encomenderos para debatir y refutar a Bartolomé de las Casas, se encuentra en en estudio sobre Las Leyes nuevas de A. Muro Orejón. En el Anuario de Estudios Americanos, Sevilla 1945. P 51/53.

Bartolomé apunta en la ***Brevísima relación de la destrucción de las Indias***, folio 35v:

Aún peores horrores que los de los españoles, son los de los alemanes en Venezuela.

Y más allá de lo que ocurre en el territorio de Nueva España es gracias a Fray Bartolomé de las Casas que conocemos sobre uno de los conquistadores más sanguinarios, Francisco Pizarro, de cuyos hechos en Perú se entera por su correspondencia con el franciscano Fray Marcos de Niza.

La Narración

La obra de Fray Bartolomé cierra con lo que cronológicamente ocurrió primero, al reseñar los abusos de Cristóbal Colón quien fue reprendido por la Reina por repartir 300 indios. Isabel la Católica le recrimina que derecho tiene él para disponer de sus vasallos y le ordena liberarlos.

Pero el conjunto de la obra histórica de Fray Bartolomé está narrado con lenguaje jurídico. El compilador de su obra, el dominico Ramón Hernández, estima que "Bartolomé inició sus estudios de leyes en 1518 siendo clérigo secular, dado que en 1552 el propio Bartolomé dice que lleva 49 años dedicado a las indias y 34 estudiando derecho". Es así como sustenta su Tratado de los indios hechos esclavos.

Aquí Refiriéndose a Honduras y Nicaragua, De las Casas escribió y describió:

Mucha prisa se dieron en despoblarlos...porque ágora ocho años viniendo para acá, vi aquellas provincias, y no había cosa más destruida ni despoblada, después de la Isla Española y sus comarcanas, en todas las Indias, siendo ellas pobladísimas.

En *Aquí...* se contienen unos avisos y reglas para los confesores"/Folio 1v le dice a Ginés de Sepúlveda, el fraile a sueldo de los encomenderos:

Debiera saber el muy reverendo doctor que las tierras de todo aquel orbe son fertilísimas y utilísimas, para ser ricos todos los que quieran ayudarse, sin desollar indios.

El Sujeto y el Motor de la Historia

Como quizá no haya otra en la literatura del Siglo XVI, la obra de Fray Bartolomé de las Casas lleva a los personajes autóctonos como sujetos principales de la historia y la justicia para ellos, es el motor que conduce todo su trabajo.

El humanismo de Fray Bartolomé, trasciende su calidad literaria, no escribía para ser admirado por las masas, su "mercado" no podía ser el de los encomenderos, tampoco los de los mal llamados "indios" que no sabían castellano y mucho menos latín.

Lo que es un hecho comprobable a ojos vistas es que Fray Bartolomé de las Casas escribió sobre la guerra de tal manera que sus definiciones trascienden el territorio americano y el Siglo XVI para ser válidas en todos los tiempos y en todo el universo. Estas líneas siguientes fueron extraídas de: B de las Casas. Obras Completas 2. *De único vocationis modo.* Alianza Editorial. Madrid 1990 p 378...380.

La guerra trae consigo estos males: el estrépito de las armas, las acometidas e invasiones repentinas, imperiosas y furiosas: las violencias y las carnicerías, los estragos, las rapiñas y los despojos...Con las guerras se entristecen las casas, todo se llena de miedo, de llanto, de quejas, de lamentos. Decaen las artes de los artesanos, los pobres se ven en la necesidad de ayunar o de entregarse a procedimientos impíos, los ricos deploran los bienes robados o temen por lo que todavía les quedan...Las nupcias de las vírgenes no existen o son melancólicas y alejadas, las matronas desoladas se consumen en la esterilidad. Callan las leyes, son burlados los sentimientos, en ninguna parte hay equidad

No es necesario interpretar para conocer el motor de la historia escrita por Fray Bartolomé, él lo hace explícito: *Fui inducido yo que ando en esta Corte de España procurando echar el infierno de las Indias, aunque no lo tenía yo en propósito, y no lo había puesto por obra por mis continuas ocupaciones (Obra citada, p 25)*

La fidelidad del pensamiento del fraile y abogado dominico se ha podido preservar gracias a que entre 1552 y 1553, él mismo cuidó y dio los materiales para la edición de sus Obras Completas, pero desde mucho antes y así lo hace saber en sus escritos, el mismo mandó imprimir sus trabajos para que no hubiera duda en lo que podía ser escrito de puño y letra, y el soberano pudiera hacer la justicia que él demandaba para los naturales del llamado Nuevo Mundo.

De la medicina en Nueva España y primeros hospitales de especialidades

Basado en *La medicina en la Nueva España, siglos XVIy XVII*, Gerardo Martínez Hernández, Instituto de InvestigacionesHistóricas/Instituto de Investigaciones sobre la Universidad y laEducación, México, 2014

No es desconocido, y sin embargo sí poco recordado, que lo que conocemos como medicina occidental está basado en Galeno, un médico griego; pero que este pasó por la interpretación de los árabes, quienes lo tradujeron y seguramente introdujeron sus propias observaciones a la medicina que se practicaba en España y que luego llegó a la Nueva España.

De acuerdo a la división de la historia de Carlos Marx, los primeros sistemas económicos fueron la esclavitud, el feudalismo y el capitalismo. El segundo de estos fue propio de la Edad Media.

La medicina académica del medioevo fue el galenismo. La conquista española tenía bases medievales toda vez que los conquistadores tenían como propósito el apoderarse de la tierra y de los hombres como sus vasallos, igual que había sucedido en Europa. De esto podemos interpretar que la primera medicina que se practicó en la Nueva España, era medieval.

En las fuentes de la medicina primigenia de la Nueva España, el doctor Martínez Hernández cita a Abu Ali-Al Husain ibn Sina. La contracción del nombre del hijo (Ibn) de Sina, toma el sonido Avisena, que es el nombre como se conoce al médico árabe que tradujo y comentó a Galeno.

La teoría galénica, basada en los humores, o sustancias predominantes en el cuerpo, habría requerido comprobación diseccionando cuerpos, pero si su mera reproducción en imágenes está prohibida en la religión musulmana, en la católica no había menos repulsión a la disposición de los cadáveres con fines de estudio, de manera que la medicina en general se estancó durante el medioevo y ya hemos procurado establecer que, para fines de la conquista, en este lado del mundo continuaba la Edad Media.

En todo caso la interpretación de las funciones de los órganos humanos se establecía por analogía con las de los animales, los que sí se habían diseccionado desde la época de Galeno.

El texto hace una descripción exhaustiva sobre el sistema de creencias y saberes sobre la medicina en los siglo XV y XVI, las funciones que se les atribuían a los órganos, a los humores, a la química que transformaba los alimentos dentro del cuerpo y a la forma en que se explicaba que unas personas enfermaran y otras no en las mismas circunstancias, lo que se atribuía a la constitución "fuerte", "robusta", "delicada" o "débil" de las personas.

El espacio nos impide hacer una descripción más detallada ya no del libro, ni siquiera de este capítulo en particular y no quisiéramos dejar de mencionar algo que nos parece muy trascendental y es el hecho de que en Nueva España parecen haberse sentado las bases para los hospitales, no solo de especialidades, sino para las distintas etnias.

Al margen de que la medicina de la época coincidía con la actual en el sentido de que aire, sueño, comida y bebida podían alterar los humores y con ello la salud, es relevante resaltar la edificación de hospitales de especialidades en la Nueva España.

Muy cerca entre sí, en lo que en el siglo XXI es la avenida Puente de Alvarado y su prolongación como Avenida Hidalgo, se encuentran el Museo Nacional de la Estampa y la Iglesia de San Hipólito, originalmente hospital de mestizos y mulatos, el primero y de "inocentes" o enfermos mentales el segundo.

El Hospital de Santa Fé, fundado por Vasco de Quiroga, y otros, erigidos en lo que hoy son los estados de Michoacán, Querétaro y otras entidades de lo que entonces era la Nueva España son ya obras de humanistas que como bien dice la historiadora Josefina Muriel eran hombres del Renacimiento.

Considerando además que hospital no solo era un lugar para tratar enfermos, sino un sitio de hospedaje, aprendizaje de oficios y práctica académica, bien podríamos concluir con que la medicina medieval en España dejó de serlo en la Nueva España, donde ya adquiere características de renacentista.

Del Comercio entre Nueva España yAsia al Acuerdo Transpacífico o TPP

Basado en *Mecanismo y elementos del sistema económico colonial americano*, siglos XVI-XVIII, Ruggiero Romano, El Colegiode México, Fideicomiso Historia de las Américas, 2004

Con todas las críticas, justificadas o no, que se le hayan hecho en el siglo XXI al Acuerdo Estratégico

Transpacífico de Cooperación Económica o TPP, *Transpacific Patnership* por sus siglas en inglés, conocer el trabajo de Ruggiero Romano sobre el comercio hispanoamericano es un antecedente relevante para comprenderlo.

En su trabajo, Romano nos das casos concretos de los tipos de comercio que re realizaban y destaca en las primeras líneas del capítulo V de la obra referida, **La Circulación delos Bienes** el ejemplo de tela china que salía de Manila a Acapulco como comercio transcontinental; de Acapulco al Perú como Comercio Interamericano y si fuera de Acapulco a Guadalajara como comercio interno.

En todo caso, si Nueva España y Filipinas pertenecían a una misma región comercial del imperio español, podrá considerarse que se tratara de un comercio doméstico, aunque un océano separara la seda de Filipinas a Acapulco, mientras que bajo los criterios del siglo XXI nadie dudaría en considerarlo comercio global.

Dice Ruggiero que en términos reales el comercio transpacífico se desarrollaba desde los primeros viajes de Colón. Entre 1492 y 1561, casi 70 años, estos viajes se realizaban sin escoltas, pero al final fue necesario expedir una Cédula Real para custodiar flotas y galeones.

Ya para entonces el viaje que partía de las costas de España, hacía una escala en Puerto Rico o Santo Domingo y entonces se dividía en dos:

La *flota* tomaba el rumbo de Cartagena (donde se descargaban las mercancías destinadas a Nueva Granada) y Portobelo (para la carga destinada a Perú y Chile) mientras por su parte los *galeones* se dirigían a Nueva España. Luego, tras la carga de los barcos para el retorno (sobre todo con materiales preciosos, pero también con otras mercancías) iniciaba desde Cuba el viaje de vuelta a España en un solo convoy

El autor señala que a pesar de la importancia del monto comercial de los cargamentos, no lo consideraban suficiente en las colonias, lo que daba pie a la corrupción mediante la compra de cargamentos de contrabando inglés, holandés y francés.

> La comercialización dio origen a las ferias más grandes del mundo, ferias para realizar transacciones que se instalaron en América y que se instalaron en Jalapa, no en Veracruz, puerto de desembarco, debido al intenso calor; en Portobelo (hoy Panamá) y en Cartagena, Colombia.

> Este comercio oficial no incluye las naves de negreros, las destinadas al transporte de mercurio, que se necesitaba para la explotación de las minas, ni por supuesto las que llevaban contrabando a España.

> En sentido contrario España se ve incapaz de dotar a la Nueva España de todos los productos que se necesitaban, y entre los que Ruggero destaca papel, textiles, alambiques, calderas y material tipográfico, esenciales en un "mundo en construcción" lo que favorecía el contrabando, pero también el desbalance comercial si tomamos en cuenta que lo que se

llevaban eran los metales preciosos, que es con lo que se podían comprar las mercancías de importación.

Otro ejemplo del desbalance comercial se puede apreciar en el tonelaje de los barcos, aunque esto también se puede explicar debido a la diferencia del peso específico entre la mercancía que se llevaban (metales preciosos) y la que traían, como podía ser mercurio para los beneficios de las minas.

Como fuera, en el viaje de ida se estima que se llevaban 4355 toneladas, mientras que en el de vuelta se acumulaba menos de la mitad, sólo 1903 toneladas, y si de estas se descuenta el peso entre los víveres y el agua.

Bien puede ser también, según los datos que presenta Ruggiero Romano, que mucha de esta mercancía entrara a las colonias de contrabando, de manera que no se pagaban los impuestos correspondientes. En otras palabras, la corrupción ya era un problema siglos antes de que se hablara de un nuevo acuerdo comercial transpacífico o TPP.

La novela como fuente de información histórica de la Colonia

Basado en **Fernando Benítez, *Los demonios en el convento. Sexo yreligión en la Nueva España*, "Capítulo 1. Concierto barroco"**

La novela es una estupenda fuente para imaginar ambientes, recrear atmósferas y acercarse información que, aunque inexacta, nos puede despertar la curiosidad para acudir a otras fuentes más serias. Si la novela tiene además detalles de picaresca o de intimidades sexuales, probablemente más interés despierte.

De la época de reyes e imperios, hay una en particular que sobresale por divertida e ingeniosa ***El Rey Pasmado***, del español Gonzalo Torrente de Ballester, que trata sobre un monarca, algunos creen que inspirado en Felipe IV de España (1605-1665) que se queda pasmado por ver el cuerpo desnudo de una mujer, algo que no conocía a pesar de ser casado.

La novela publicada en 1989 y hecha película en 1991, fue sin embargo posterior a *Los Demonios en elConvento*, de Benitez, que se publicó cuatro años antes, en 1985, y también se hizo película en 1986, aunque muy modesta en comparación con **El Rey Pasmado**. Por cierto, la película inspirada en la novela mexicana se llamó **Redondo** y la dirigió Raul Bustero.

El primer capítulo de **Los Demonios en el Convento**, *lo* data Fernando Benitez en 1699, a las 10 y media de la mañana, para ser más precisos, y cuenta el ingreso de la joven Juana Inés Ramírez a la orden de las Jerónimas, si bien al principio parecía que se iba a tratar de una boda de la realeza y no de una toma de hábitos de una novicia.

Tanto la novela, como la película inspirada en la novela de Benitez, están a dos tiempos. En la obra literaria, mientras el escritor escribe, ve en la televisión imágenes del siglo XX, y en *Redondo*; adaptada por Paco Ignacio Taibo, el autor se enamora de una de las protagonistas de la película que filma.

Ese estilo rebuscado, que mezcla los tiempos, en donde hay que buscar nuevas imágenes dentro de las que aparecen a primera vista puede ser comparado con el estilo arquitectónico del barroco lo que a su vez justifica el nombre del primer capítulo de *Los Demonios en el Convento,* llamado *Concierto Barroco* que también es, por cierto, el título de una novela de Alejo Carpentier.

Independientemente de la estructura, el valor de la novela histórica radica en que puede introducirnos a las formas del lenguaje al intercalar en el argumento fórmulas verbales como las que emplea Sor Juana Inés al tomar los hábitos:

> "Yo he despreciado el reino del mundo y todos los adornos y atavíos del siglo por amor de mi Señor Jesucristo (...) Esclava soy de Cristo y por tanto ostento al parecerlo y hago gala del traje servil y representación de esclava" dice por ejemplo el personaje de Sor Juana al tomar los hábitos, y aunque no se informa de que se trate de una cita textual, bien podemos suponer que es muy aproximada a la forma de hablar de la época.

Si bien **Los Demonios en el Convento** tiene más reputación como obra literaria, como un clásico moderno y menos como novela histórica, no deja de ser un buen ejemplo para combatir los prejuicios que todavía persisten en cuanto a la profesión de historiador en el sentido de que es una carrera sin mucho margen profesional. Por el contrario, la novela histórica como género literario y forma de divulgación es un campo que no tiene límites.

Ciencia y salud a la conquista de Tenochtitlán y fundación de la Nueva España

El uso de la palabra ciencia no fue plenamente aceptado sino hasta mediados del siglo XIX. Antes se usaban términos como filósofo natural, hombre de ciencia, cultivador de la ciencia o similares. Es al inglés William Whewell a quien se le debe el término "científico". Esto no implica sin embargo que no se hayan tenido conocimientos ordenados y verificables desde muchos siglos antes, de los que tienen que ver con el inicio de la Nueva España, es que tratamos en este trabajo.

Son científicos los conocimientos que antecedieron al descubrimiento de América, algunos de los que facilitaron su conquista y los que permiten comprender como ocurrió, al estudiar por ejemplo la influencia de los virus en la salud de los indígenas que no tenían las defensas naturales para resistirlos.

Hay ciencia, o por lo menos tecnología en el uso del acero para fabricar armaduras, en las velas que se emplearon para cubrir la distancia entre los continentes, en el de la pólvora que se utilizó para los arcabuces y cañones que permitían eliminar a enemigos que no contaban con más recursos que la fuerza de sus brazos para arrojar una lanza, o cuando mucho con la rudimentaria tecnología de sus flechas.

No había superioridad intelectual de los conquistadores sobre los conquistados, sino procesos de desarrollo distintos. En un país tropical ¿Qué necesidad habría de inventar pesadas armaduras? Con toda la comida necesaria para alimentarse y sanarse, con las suficientes fibras para elaborar textiles para vestirse ¿Qué necesidad tenían los pueblos de aventurarse más allá de los océanos si tenían todo para subsistir?

Especias para dar sabor a la comida, pero también para disimular el mal sabor de la carne en descomposición motivaban a los europeos a importarlas del extranjero, pero cuando los turcos les taparon el acceso por el mar Mediterráneo tuvieron que buscar nuevas rutas y fue en ese intento que llegaron al Nuevo Mundo.

El urbanismo europeo requería importar los alimentos de las afueras o al menos de grandes distancias. No era ese el caso de Tenochtitlan, que independientemente de los tributos, tenía no más allá de Tlatelolco todos los alimentos necesarios para su subsistencia.

Todavía en el Siglo XXI, en la Ciudad de México existe producción de nopal, amaranto y miel de abeja que bien podrían evitar en una emergencia que la población muriera de hambre.

En Cinco aberraciones fundamentales del capitalismo (Martínez Domínguez, Lozano Trejo y Emmerich) el doctor Raúl Domínguez Martínez explica que los burgos y luego las ciudades necesitaban producir algo para cambiarlo por comida. En una primera fase para producir más se necesitaba tecnología.

> En cambio, en la antigua Tenochtitlán la casa y el medio de producción de alimentos, la tierra, todo estaba en una misma área.

Antecedentes tecnológicos de la conquista

> Otro de los hallazgos técnicos de gran relevancia para las exploraciones fue la llamada Vela Latina, probablemente de origen asirio, y que le permitía navegar en sentido contrario al viento

La pólvora, que por muchos años habían usado los chinos para usos festivos, dice Martínez Domínguez, pudo haber tenido su primera aplicación militar unos 300 años antes de la conquista, en una guerra contra los mongoles. Los mongoles transmitieron el conocimiento de la pólvora a los árabes y todo indica que estos la usaron en la invasión de la península ibérica según se desprende de este texto

,..tiraban [los árabes] muchas pellas [bolas] de hierro

que las lanzaban con truenos, de los que los

cristianos sentían un gran espanto, ya

que cualquier miembro del hombre que

fuese alcanzado, era cercenado como si

lo cortasen con un cuchillo; y como

quisiera que el hombre cayera herido

moría después, pues no había cirugía

alguna que lo pudiera curar, por un

lado porque venían [las pellas]

ardiendo como fuego, y por otro,

porque los polvos con que las lanzaban

eran de tal naturaleza que cualquier

llaga que hicieran suponía la muerte del

hombre. ..et dieronle con una pella del

trueno en el brazo, et cortarongelo, et

murió luego otro día: et eso mismo

acesció a los que del trueno eran

feridos. Et aun la estoria va contando

de los fechos de la hueste.

Los españoles aprendieron a utilizar el nitrato de potasio, mezclado con carbón y azufre para crear lo que

se convirtió en el arma más poderosa desde 1343 en la batalla de Al Yazirat, mejor conocida por el nombre castellanizado Sitio de Algecira, hasta 1945 con el uso de la bomba nuclear contra la población civil e inerme de Hiroshima, para más datos.

Dentro de esos seis siglos de uso de la pólvora ocurrió el sitio de Tenochtitlán en 1521.

Tecnología y conquista

Se reflexiona poco en el hecho de que la conquista de Tenochtitlán ocurrió tras varias batallas navales. Los mexicas no solo eran inferiores en número comparados con los aliados de Cortés, particularmente los tlaxcaltecas, sino que además las canoas forzosamente eran muy bajas en comparación con la altura de los bergantines que había mandado a construir el conquistador.

El tamaño de las acequias, canales que utilizaban los pobladores para ir a los temazcales o a las milpas o chinampas, era solo el que necesitaban. Desde Texcoco, Cortés tuvo la necesidad de una buena cantidad de mano de obra para ampliarlas y que cupieran los bergantines.

La fecha del inicio de la navegación hacia la ciudad prehispánica fue el 28 de abril de 1521. Narra Bernal Díaz del Castillo en su *Historia Verdadera de la Conquista deNueva España*: "Volvíamos a decir de nuestra zanja y acequia por donde habían de salir los bergantines a la gran laguna, y estaba ya muy ancha y honda, que podían nadar por ella navíos de razonable porte; porque, como otras veces he dicho, siempre andaban en la obra ocho mil indios trabajadores"

La valentía de los defensores de Tenochtitlán no fue poca, de haber tenido los conocimientos necesarios es posible que hubieran usado contra los españoles sus propias armas ya que llegaron a capturar cañones. En La Visión de los Vencidos, Miguel León Portilla reproduce:

> También por parte de los españoles hubo regreso. Fueron a colocarse en Acachinanco. Pero el cañón que habían colocado sobre la piedra del sacrificio gladiatorio, lo dejaron abandonado. "Lo cogieron luego los guerreros mexicanos, lo arrastraron furiosos, lo echaron en el agua. En el Sapo de Piedra (Tetamazolco) fue donde lo echaron. La captura del cañón se hizo en el límite norte de la ciudad prehispánica (donde ahora se encuentra la calle de Chimalpopoca (

) y se deshicieron de éste en un pozo que debió estar situado en la acequia que comunicaba con Iztapalapa y Tezcoco, pues en ese lugar según la página oficial el Palacio Nacional () se ubicaba Tetamazolco.

La tecnología mexica también existía y una de sus manifestaciones fueron las compuertas y diques de la laguna en la que habitaban. Estas, según narra Hernán Cortés, se llegaron a abrir para ahogar a los invasores y hubo una gran mortandad de los tlaxcaltecas que le servían, aunque no de españoles.

Los mexicas estaban rodeados de agua, pero esta era salobre. Sus obras hidráulicas les habían permitido separarla del agua dulce que recibían por dos acueductos principales, uno que venía de Chapultepec y otro de Churubusco (Huitzilopocho). Este último fue cortado por Cortés, lo que debió haber resultado decisivo en la derrota de la población sitiada. Diferencia del desarrollo tecnológico

¿Será que los mexicas no habían pasado la edad de piedra mientras que los europeos habían superado la edad de hierro?

Descartadas las suposiciones raciales, queda la pregunta de porque en este lado del occidente los metales eran utilizados para fines ornamentales y no para fabricar armaduras. Porque no era necesario dirá el maestro Domínguez Martínez desde su enfoque materialista de la historia.

La rueda sí era conocida por los pueblos prehispánicos y se empleaba para arrastrar figuras con forma de perros o jaguares

Si se daba este uso lúdico no sería imposible que también se les hubiera ocurrido fabricar carretillas para transportar materiales de construcción.

De cualquier manera, al no tener animales de tiro ni para el transporte, había menos oportunidades para emplear la rueda.

Pero siguiendo la línea del materialismo histórico podríamos aventurar otra hipótesis ¿Por qué no se facilitaban las cosas con el uso de instrumentos de carga con ruedas?

Porque no era necesario. Su superioridad física les permitía recorrer grandes distancias y el sistema de estafetas les ayudaba a cooperar para el transporte de la mercancía. Es de sobra conocido que en la mesa de los emperadores aztecas había pescado fresco que llegaba desde el mar.

Naturalistas

El sueco Carlos Lineo clasificó plantas, animales y minerales y publicó sus estudios a partir de 1729.Sin embargo Hernán Cortés encontró que, en Tenochtitlán, 200 años antes, Moctezuma tenía un aviario que por su descripción era el más sorprendente del planeta.

Gracias a la práctica que realizamos con el doctor Gerardo Martínez Fernández el sábado 20 de mayo de 2017, sus alumnos pudimos conocer el lugar exacto donde se encontraba este aviario. En el siglo XXI está marcado con el número 5 de la calle de Gante, en el centro histórico de la Ciudad de México.

Es probable que la extensión del aviario se haya extendido hacia el poniente hasta lo que después fue la calle de San Juan de Letrán puesto que esa delimitación era la que tenía la micro ciudad que constituía el convento franciscano donde estuvo el hospital para naturales.

Hospital cuyas puertas daban a la acequia que conducía todavía en la época de la Colonia hasta el Peñón de los Baños, llamado así por los temazcales que formaban parte de la higiene y de la medicina prehispánica.

Pero no solo ese aviario revelaba el interés de clasificación y protección de seres vivos, sino que se extendía a los seres humanos diferentes. Enanos y personas con otras deformidades que los hacían diferentes del común de los mexicas tenían sus espacios en la corte del emperador según lo hace saber Cortés en sus Cartas de relación.

> En esta casa tenía diez estanques de agua, donde tenía todos sus linajes de aves de agua que en estas partes se hallan, que son muchos y diversos, todas domésticas; y para las aves que se crían en la mar eran los estanques de agua salada, y para las de ríos, lagunas de agua dulce; la cual agua vaciaban de cierto a cierto tiempo por la limpieza, y la tornaban a henchir por sus caños; y a cada género de aves se daba aquel mantenimiento que era propio a su natural y con que ellas en el campo se mantenían.

> De forma que a las que comían pescado se lo daban, y las que gusanos, gusanos, y las que maíz, maíz, y las que otras semillas más menudas, por consiguiente, se las daban. Y certifico a vuestra alteza que a las aves que solamente comían pescado se les daba cada día diez arrobas de él, que se toma de la laguna salada. Había para tener cargo de estas aves trescientos hombres, que en ninguna otra cosa entendían. Había otros hombres que solamente entendían en curar las aves que adolecían. Sobre cada alberca y estanques de estas aves había sus corredores y miradores muy gentilmente labrados, donde el dicho Muteczuma se venía a recrear y a las ver. Tenía en esta casa un cuarto en que tenía hombres y mujeres y niños blancos de su nacimiento en el rostro y cuerpo y cabellos y cejas y pestañas

Armas, gérmenes y acero

Con este título el biólogo Jared Diamond realizó un libro sobresaliente en el que analiza la historia desde el punto de vista de la evolución, las condiciones climáticas y la naturaleza. Al hablar de los gérmenes utiliza como punto de partida una anécdota:

Un médico estaba tratando de determinar el origen de la enfermedad de un sujeto que no hablaba su idioma. Su esposa le servía como traductora. Le pidió que le dijera si había tenido contactos sexuales extraconyugales. Antes de que le tradujeran la respuesta, la esposa le arrojó un objeto a la cabeza y salió furiosa, el médico supo después que el hombre había tenido contacto carnal con las ovejas que pastoreaba.

El capítulo 11 del libro de Diamond se llama *El regalo mortal del ganado* y en este explica que para empezar los pueblos europeos tenían más animales domésticos o de cría, lo que los mantenía en contacto con sus excrecencias, a diferencia de los pueblos nómadas.

Todas las historias militares que glorifican a los grandes generales simplifican en exceso la prosaica verdad: los vencedores de las guerras del pasado no fueron siempre los ejércitos de los que disponían de los mejores generales y las mejores armas, sino que a menudo fueron simplemente aquellos que portaban los gérmenes más desagradables para transmitirlos a sus enemigos.

Los europeos tenían ya miles de años de convivir con el ganado y en ese tiempo recibieron virus de este que mutaron para convertirse en enfermedades humanas como el sarampión, pero también habían desarrollado las defensas.

En las islas que primeramente ocuparon los españoles ya habían inoculado el sarampión, a un esclavo negro que habían traído de La Española (Cuba) se le atribuye haber portado la viruela que, luego del corte del acueducto de Churubusco, diezmo a los mexicas.

Sarampión, Tuberculosis y Viruela, son los virus que relaciona Diamond con el ganado vacuno que conocían los españoles, pero no los mexicas. El mismo autor sitúa en 1495 los primeros diagnósticos de pústulas en Europa que ya para 1546 estaba comúnmente identificada como sífilis.

No está errada la percepción de que sin proponérselo los españoles vencieron no tanto por el ingenio de Cortés como por la guerra bacteriológica que mató a la mitad de los defensores de Tenochtitlán, entre los que figuraba el emperador Cuitláhuac. Al respecto Diamond da este dato: En 1618, la población inicial de México, que era de unos 20 millones, había descendido en más del 90 por ciento.

En otras palabras, para 1618 todos los mayas, mexicas, mixes, zapotecas y demás razas pobladoras desde Tenochtitlán hasta el Río Grijalba, si estos datos fuesen ciertos, no habrá superado el millón 600 mil habitantes.

Si a esto se agrega la depresión que debía causarles la conquista a los naturales y que los conducía al suicidio, encontramos otro factor de que se diezmara la población. Para tratar de frenar esta práctica los religiosos atribuyeron las sequías en Yucatán, a un castigo por la gente que se privaba de la vida ahorcándose.

También a los suicidas se les niega el entierro cristiano. En las misiones de Sinaloa, los jesuitas, en 1624, de quejaban de algunas prácticas que hacían los indios para no vivir, todo ello dentro de una actitud de "resistencia pasiva" y como forma de mutilación vital ante la conquista y el desmoronamiento de su cultura.

Para no sobrevivir o reproducirse acuden a varios medios: uno es el aborto, y otro, el suicidio; de este último dicen los padres que tomaban cierta hierba ponzoñosa, con la cual en breves horas morían y "con no darles sepultura eclesiástica, sino dejarlos a vista del pueblo comer perros y coyotes: han cobrado algún temor

Comunicación escrita

Hay sin embargo otro factor que pudo haber facilitado la conquista y en el que tal vez no se haya profundizado en forma suficiente, quizás porque no se han obtenido los datos suficientes, y este es que Cortés disponía de mejores medios de comunicación, por ejemplo para que se buscara el azufre para fabricar la pólvora.

Si recordamos que la expedición de Cortés, a lo que luego iba a ser la Nueva España, era de búsqueda y rescate, es de comprender que no tenía suficiente pólvora para la aventura militar. Sin embargo, la consiguió uno de los hombres de la compañía mandada por Pedro de Alvarado, Francisco de Montano, y la trajo desde la boca del Popocatépetl. Esta coordinación y logística seguramente requirió de órdenes y respuestas por escrito.

De hecho, estos documentos pudieron ser consultados por Cortés y Bernal Díaz del Castillo cuando escribieron las Cartas de Relación y la Historia Verdadera de la Conquista de la Nueva España, respectivamente.

El asedio a Tenochtitlan no fue desde un solo frente, Cortés en el sur del Valle de México tenía comunicación con gente apostada en el norte, al otro lado del lago.

Esto no significa que los pueblos prehispánicos no tuvieran comunicación escrita, ya desde antes de que los mexicas llegaran al lago, en Culhuacan había tlacuilos que dibujaban en códices. 600 años antes de Cristo los mayas tenían una escritura fonética tan buena como pudo haber sido la sumeria. Las estelas mayas muestran inscripciones que permiten saber la fecha exacta en la que fueron terminadas y la fecha en que se colocaron en su destino final.

Como fuese, Cortés tenía aliados en varios sitios y forma de comunicarse con ellos. Los Mexicas también enviaron emisarios, pero seguramente la palabra hablada, el resentimiento de otros pueblos sojuzgados y otros factores, no permitieron que se lograra el éxito deseado, como sí ocurrió cuando Cortés mando a traer azufre para elaborar la pólvora o desarrolló la logística para que se desfragmentaran los barcos que esperaban en el océano, volver a montarlos en Texcoco y lanzarlos al asedio de la ciudad prehispánica más esplendorosa del mundo antiguo.

Esto no significa que los pueblos prehispánicos no tuvieran un muy desarrollado lenguaje escrito, aunque aún no se ha logrado decodificar por completo. Fuera del contexto de la conquista y de los nahuas, otras naciones del istmo y la península tenían si no exactamente letras, sí figuras que representaban sílabas y sonidos.

Como fuera, la agonía del Valle de México todavía se prolongó a la caída del imperio azteca. De Tepito surgió Cuauhtémoc. El último emperador. Ya para entonces mujeres y niños habían sido evacuados en su mayoría por carecer de agua y alimentos. El acueducto de Chapultepec también ya estaba en poder de los españoles.

Fue entonces que con el azufre traído del Popocatépetl se volvió a fabricar la fábrica para los cañones y se acabó de destruir Tlatelolco. Cuauhtémoc y unos cuantos soldados (no es correcto llamarles caballeros águila o tigre, porque obviamente no usaban caballos) resistieron hasta donde les fue posible, probablemente mientras los niños, mujeres y ancianos buscaban escapar.

La construcción de iglesias, donde antes estaban los templos y escuelas prehispánicos, la destrucción de códices para ser reinterpretados por los religiosos españoles, no ha permitido que hasta el momento podamos tener una idea cabal de la ciencia, el arte y la cultura prehispánica. Pero ahí, debajo de las piedras, deben existir aún muchos vestigios e información pendiente de descifrar.

Mucha tarea por hacer para las próximas generaciones de investigadores y cronistas de la historia.

SECCIÓN F: Latinoamérica Revoluciones e Independencias

José Luis Rodríguez Alconedo

Por Joaquín Berruecos

Hay en la CDMX una calle llamada Artículo 123, y claro se refiere a ese qué esta en la constitución ocupándose de la cuestión laboral, aquella situación tan modificada desconocida y pisoteada por parte de muchos de nuestros legisladores.

Antiguamente la calle tenía otro nombre y justo era la del personaje que hoy nos ocupa.

¿Se han preguntado si saben algo acerca de la razón por la que se nombran o renombran nuestras calles?

Una de las muchas intenciones de nuestra plataforma KATHEDRA, es "incitar" a la población a que averigüe, redacte y video/comparta con todos, algún contenido interesante referente al lugar donde vive.

Y es por esto que hoy les envío la breve historia de un pintor de origen criollo, orfebre, buen trabajador de la plata, que además de ser también un gran artista, fue un patriota, pero un patriota olvidado, incluso al grado de qué, cómo ya lo escribí, hasta le

9

cambiaron su nombre a la calle que lo tenía, la que ahora se llama Artículo 123.

José Luis Rodríguez Alconedo

(1761/1815) era un inquieto ser que en pleno auge de la inquisición se le ocurrieron dos herejías, hablar mal de la iglesia y bien de la Revolución Francesa.

Entonces es condenado y mandado a España donde realiza sus mejores pinturas, después de una larga e Inteligente defensa para liberase , "confiesa sus errores" y logra ser perdonado para pronto regresarse a su querido México, donde necio, pretende por su cuenta hacer la independencia, razón por la que es de nuevo apresado.

Libre en 1811, se incorpora a la lucha del General Rayón y aprovechando que sabe trabajar con los metales, se pone a fundir cañones, arcabuces y culebrinas, cuando su General, a quien apoyó fielmente es derrotado, cae de nuevo preso pero esta vez ya no logra escabullirse y finalmente es fusilado en los Llanos de Apam, lugar famoso por sus pulques.

Alconedo, nos dejó este autorretrato al pastel (imagen en la portada de este ejemplar), qué está considerado como lo mejor del neoclásico decimonónico mexicano.

A casi dos siglos de distancia, a tan interesante como desconocidos personajes le hicieron un poquito de justicia al ponerle su nombre a una calle de Mixcoac, qué desde luego no es una gran avenida.

¿Habían oído hablar de ella?, ¿y...del personaje? ¿Saben cómo y por qué se llama así la calle donde ustedes viven?...

El socialismo utópico como modelo de integración de estados latinoamericanos

Basado en *Historia del movimiento obrero latinoamericano* I, Julio Godio. Editorial Nueva Imagen. México 1980-1983

La inserción de corrientes ideológicas y políticas en los relativamente nacientes estados de Argentina, Chile y México, mencionados en orden alfabético, es el tema del libro de Julio Godio que sirve de base a este ensayo. El anarquismo y el socialismo entre los años de 1850 y 1918 conforman el periodo del estudio.

Conveniente es entonces que iniciemos por una definición de estas ideologías, pero antes habría que precisar que el campo de estudio está delimitado al movimiento obrero, aunque también hay ejemplos en la historia de las naciones que nos hablan de que el socialismo llegó al poder y lo ejerció con mayor o menor éxito, como puede ser en el ejemplo de Felipe Carrillo Puerto en Yucatán, Tomás Garrido Canabal el Tabasco por mencionar solo algunos de principios del Siglo XX.

"Y ahora, no requiriendo este libro una introducción más extensa, queda el lector ante la obra, con el deber de criticarla, puesto que trata sobre un asunto que nos concierne a todos: las luchas sociales" dice Godio, y ante su exhorto habrá que entrar en materia. El anarquismo es una doctrina política que pone al individuo por encima de cualquier autoridad, mientras que el socialismo busca que la administración de los medios de producción sea realizada directamente por la clase trabajadora, lo que tiene como sustento desde el punto de vista histórico el estudio de El Capital realizado por Carlos Marx.

La Larga Marcha

Inicia Godio narrando las diferencias entre españoles y lusitanos en comparación con los anglosajones, los primeros todavía traían ideales de caballería y aventura, sus sacerdotes tenían dudas respecto a lo que había pasado para que los "hijos de Adán" hubieran llegado a estas tierras sin conocer las enseñanzas del cristianismo, en tanto que los segundos "ya estaban preñados de ideología burguesa", es decir que buscaban la propiedad sin remilgo alguno de que ya las tierras fueran de otros.

A los anglosajones no les interesaba imponer su ideología, solo su dominio y bien poco les importó, en términos de análisis histórico que los naturales, con mayor sentido humano que práctico, les hayan ayudado a matar el hambre con su maíz y sus guajolotes, aunque todavía lo celebran en el rito anual de acción de gracias.

Por su parte los europeos no insulares, al menos intentaron importar instituciones como las escuelas y universidades en las cuales hubo cabida no solo para los criollos, sino para los mestizos e incluso para algunos de los descendientes de los nobles prehispánicos.

Más allá de los factores religiosos, una batería de intelectuales latinoamericanos de los siglos XIX y XX, entre los que se encuentra Julio Godio, pero también el peruano José Carlos Mariategui, el salvadoreño Roque Dalton, el italoargentino José Ingenieros y el bonaerense Juan B Justo, analizaron la historia tras la lente del cristal socialista, anarquista o marxista.

Sin embargo, no todas las corrientes ideológicas en América Latina fueron importadas de Europa, Godio enumera al menos 3 decididamente autóctonas, el Batlismo, cuyo nombre se debe al presidente uruguayo José Batle, quien pregonaba que los ricos debían ser menos ricos y los pobres menos pobres para que creciera la clase media, lo que se podía lograr si el estado controlaba los principales medios de producción.

El radicalismo en Argentina, basado en Leandro Alem como oposición de los conservadores.

Y finalmente la Revolución Mexicana que es más campesina que obrera y probablemente diferente de cualquier otra ideología pues lo que esta propugnaba y más tarde lo intentó consolidar Lázaro Cárdenas era una mayor igualdad de oportunidades, educativas y de producción para los habitantes del campo y la sociedad.

Utopía y Revolución. El socialismo antes delsocialismo

Como el Socialismo y el anarquismo, el origen de la Utopía es europeo y pareciera que las tres ideologías coinciden en llegar a lo que no existe, con la diferencia de que las dos primeras si lo creen posible, un lugar en el tiempo y en el espacio en que no haya diferencias.

Una de las utopías, considera Julio Godio, fue el Bolivarianismo pues según él no era posible la federación de diversos estados nacionales, aunque le concede una parte realista, la necesidad de una centralización económica y militar para enfrentar al enemigo común, el imperio español durante las guerras de Independencia.

Esas guerras de independencia de América Latina, lejos de acercarse al socialismo buscaban la privatización, no solo de los bienes de la Iglesia, que para estos fines serían corporativos, sino incluso de los bienes comunales de los pueblos originarios.

Pero si los medios de producción ya no eran del imperio español, de cualquier manera, ya sin ese estorbo, el objetivo de los terratenientes americanos seguía siendo la exportación a Europa.

Hacia mediados del siglo XIX en gran parte de Europa había personas liberales que antecedieron al Manifiesto Comunista y a los estudios de Marx, a estas personalidades las catalogó Frederich Engels como "socialistas utópicos" para distinguirlos de los "socialistas científicos", quienes ya tenían una doctrina metodológica.

Ya desde la Revolución Francesa un personaje llamado Françoise Babeuf se había revelado contra el Directorio y encabezó la "Conspiración de los Iguales" que proponía la igualdad de goces. Un antecedente del comunismo que debió trascender entre los grupos masónicos que realizaron las conspiraciones para la independencia de América Latina. Para sintetizar esta ideología citamos a Godio:

La plataforma teórica de los utopistas descansa en este supuesto: el mundo burgués es irracional y merece ser arrinconado entre los trastos inútiles de la historia, y si la razón no ha triunfado es porque nadie ha sabido usarla contra las injusticias sociales.

En este mismo capítulo sobre los antecedentes de las ideologías socialistas y anarquistas se menciona a Henri de Saint Simon, francés, autor de las Cartas Ginebrinas quien señalaba que la supremacía de la nobleza y el clero solo sería posible cuando se atendieran las necesidades de la clase más numerosa y la más pobre, a quienes se identificaba como los "descamisados".

Otro personaje protosocialista citado por Julio Godio es Charles Fourier quien clasificaba la historia de la burguesía en cuatro etapas: Salvajismo, Patriarcado, Barbarie y Civilización, pero sin que esta última pudiera ser considerada como una etapa de justicia, sino como barbarie cubierta por una capa de hipocresía.

Finalmente, y como paradoja de la historia, otro socialista antes del socialismo citado por Godio es un industrial, escocés para más señas, Robert Owen quien no solo no aceptó como normal la explotación de la clase obrera, sino que prohibió el trabajo a los menores de 10 años, redujo la jornada de trabajo dc 14 a 10 horas, construyó viviendas para los obreros y creo un sistema contra el desempleo.

Antes de Marx, Owen, quien se ganó el odio de otros industriales y del propio gobierno, llegó a la conclusión de que mucho de la riqueza se debía en hacer trabajar a la gente por más tiempo del que se le pagaba. Como recompensa de su análisis sus socios le quitaron las acciones que le correspondían en la fábrica de algodón de la que era socio.

Socialismo sin clase obrera

El tercer capítulo del tomo I de la Historia del movimiento obrero latinoamericano lleva precisamente ese nombre, Socialismo sin clase obrera y explica que ya en 1845 se publicaba en Rio de Janeiro, la Revista Socialista.

Algunas de estas ideas debieron incidir en personajes como Domingo Faustino Sarmiento, quien llegó a ser presidente de Argentina y las aplicó en el campo de la educación, creando las primeras escuelas normales y para sordomudos.

Una conclusión, quizá obvia, pero que considero oportuno apuntar es que la difusión de las ideas socialistas en América Latina se logra a través del periodismo y los programas educativos. Ambas actividades, educación y periodismo, son comunes a varios mandatarios latinoamericanos de finales del siglo XIX y principios del XX, por lo que se les puede considerar como básicas en la constitución de los estados nacionales y marcadamente distinguidas de los estados de origen anglosajón.

Justo Sierra constructor de la estructura educativa de México

Basado en las fuentes directas recopiladas en el libro *JustoSierra y el México de su Tiempo 1848-1912* de **Claude Dumas**, traducción del francés al español Carlos Ortega. Dirección General de Publicaciones Universidad Nacional Autónoma de México.

Segunda Edición 1992

La imagen dibujada de Justo Sierra Méndez en los libros de primaria de la Comisión Nacional de Libros de Texto Gratuitos, en los que aprendimos la mayoría de mexicanos del Siglo XX, quedó grabada para siempre en la mente de muchos de nosotros. Representaba a un hombre maduro, con abundante barba en el mentón, que acariciaba la cabeza de un niño. Lo que aún no podíamos imaginar es que este hubiera sido un hombre con tan amplia contribución en el cambio de modelo educativo en México.

Con el cambio de modelo nos referirnos al de los dogmas de fe, que había prevalecido al menos desde el inicio de la época de la Colonia, al de la enseñanza a través de la evidencia de los hechos, que caracterizaría al positivismo, a partir de la presidencia de Benito Juárez

En la introducción al libro Justo Sierra y el México de su tiempo, Ernesto de la Torre Villar, quien fuera

investigador decano del Instituto de Investigaciones Históricas de la UNAM, dice del personaje que tomó los aspectos positivos, fecundos y creativos de su época: la del porfirismo e inicio de la Revolución.

Enfocar este periodo de la Historia a través de la actividad de Justo Sierra, permite conocer los mejores esfuerzos para combatir la extrema pobreza de una parte de la sociedad, a través de la cultura, las artes, el periodismo, la ciencia y, la oratoria, pero sobre todo la educación.

La labor de Sierra se puede medir cualitativa y cuantitativamente: En 1874, cuando se decretó la obligatoriedad de la escuela primaria, Justo Sierra escribió en El Federalista: Santifiquemos la Escuela abriéndola a todos los vientos, como el templo del género humano. Pongamos sobre un altar a este santo de la democracia que se llama el maestro de escuela...

Fue Justo Sierra el presidente del Primer Congreso de Instrucción Pública, celebrado entre diciembre de 1889 y marzo de 1890, donde se estableció la obligatoriedad de cuatro años de enseñanza de primaria, y dos años más para quienes quisieran participar en el siguiente nivel educativo.

En ese mismo congreso se definió la educación impartida por el Estado como laica: "la escuela pública no puede entre nosotros no ser laica", dijo Sierra, a pesar de que fue educado en una familia de tradición católica.

El argumento de aprender a aprender, presentado en el 2017 como la gran aportación de la administración de Enrique Peña Nieto, hacía por lo menos 120 años que fue la base del proyecto educativo mexicano, cuando Enrique Rébsamen fue presidente del congreso de educadores, quienes ya rechazaban considerar al alumno como sujeto pasivo, y la repetición de textos hasta que se grabaran en la memoria, como método pedagógico.

El abogado, periodista y maestro fue uno de los contribuyentes para que las mujeres, a quienes consideraba instintivamente capacitadas

17

para la enseñanza, accedieran por primera vez en forma masiva, a la vida profesional.

"En 1900, al parecer, 91 por ciento de las estudiantes de normal en el país eran mujeres. En 1907, de los 15,525 profesores, solo 23% eran varones. En menos de 30 años la profesión de maestro de primaria se había convertido en una actividad femenina" x

Antecedentes

Sierra Méndez, - es importante mencionar sus dos apellidos toda vez que su padre Justo Sierra O'Reilly, también tiene un lugar en la historia de México- nació en Campeche en una época en la que la guerra de castas hizo pensar en que la península se hiciera parte de los Estados Unidos ya que las clases más privilegiadas sentían que el gobierno mexicano no les proporcionaba los recursos necesarios para su defensa.

Durante el porfirismo Justo Sierra Méndez llegó a considerar al dictador como un mal necesario, precisamente para que Estados Unidos no volviera a tener la debilidad de la Nación Mexicana como pretexto para una nueva invasión.

Por esto mismo Sierra Méndez manifestó una especie de pena ajena el hecho de que su padre, Sierra O'Reilly en algún momento se hubiera pronunciado por esa anexión.

Porque todos tenemos plena conciencia de que mucho había que censurar en la vida política del hombre de bien que hoy conmemoráis; pero nada, ningún error, ningún empeño, ninguna falta que no haya tenido por móvil el amor, el profundo y apasionado amor por Yucatán...

Consideramos relevante consignar este hecho desde el enfoque educativo de este ensayo porque la lengua es cultura.

Como descendiente de irlandeses Justo Sierra O'Reilly dominaba perfectamente el inglés. Nacido en 1814, cuando aún no se consumaba la Independencia y todavía se consideraba a la Capitanía General de Yucatán (integrada también por Quintana Roo y Campeche) como parte del virreinato de la Nueva España.

Casi cuatro siglos después de la caída de Tenochtitlán, Yucatán todavía no estaba completamente conquistada y la Guerra de Castas puede ponerse como prueba. Sierra

O'Reilly pertenecía a esa raza blanca que se sintió en peligro de exterminio y su viaje por Estados Unidos obedeció a esa necesidad de protegerse.

El gobierno centralista de Santa Ana no contribuía a que en la Península se consideraran protegidos por México y tampoco se pensaban autosuficientes para protegerse de la embestida de los mayas. O'Reilly, como anglo parlante, no tenía entonces porque dudar a mediados del siglo XIX en lo que parecía el único camino posible: la protección yanqui.

Después de todo el concepto de nación mexicana aún no estaba arraigado. Todavía faltaba incluso más de una década para que Maximiliano asumiera como emperador, lo que ocurrió en mayo de 1864, cuando Justo Sierra Méndez, era un adolescente de 16 años de edad, estudiaba en la Ciudad de México y tenía tres años de haber quedado huérfano de padre.

Las vivencias educativas de Justo Sierra

Aunque en algún momento de su infancia Justo Sierra recibió educación de un maestro liberal, Eulogio Perera Moreno, quien tenía una pequeña escuela privada, esto debió ocurrir a finales de la primaria, pero antes fue sometido a los horrores de la "letra con sangre entra", según narró en su libro La Educación Nacional:

El cuadro siniestro de la antigua escuela, pesadilla constante de los niños de mi tiempo...el odioso programa de enseñanza gramatical que nos ha costado tanta fatiga y tantas lágrimas inútiles...los pasados temores inspirados por el dómine que nos enseñaba y nos golpeaba cuando no sabíamos las lecciones que no tenían significado para nosotros y que debíamos repetir al pie de la letra, empleando en ejercicios puramente mnemónicos las mejores horas de la vida.

Refieren anécdotas contadas en el libro de Dumas, por los hijos de Justo Sierra, que su padre se revelaba a esa forma de estudio y sólo hasta llegado el examen empezaba a estudiar los manuales correspondientes que le permitían aprobar con muy buenas calificaciones y menciones honoríficas. Sin embargo, esto molestaba a sus maestros, quienes se quejaban de que el niño Sierra Méndez recibiera menciones honoríficas sin haber sufrido para conseguirlas.

El positivismo y el proyecto educativo para la nación mexicana

Al mismo tiempo que Justo Sierra sufría las inclemencias de la educación primaria escolástica, se encontraba Gabino Barreda en París, estudiando la carrera de medicina. Ahí conoció la doctrina del positivismo que sería la base para la primera reforma estructural educativa.

Gabino Barreda (no confundir con Gabino Barrera, con ere, que según la canción popular mexicana no entendía razones andando en la borrachera) había iniciado estudios de derecho en México, pero su pasión por las ciencias naturales lo llevó primero a estudiar química y luego a matricularse en la Escuela de Medicina de Francia, país en donde se encontraba cuando ocurrió la invasión de Estados Unidos y donde asimiló la ideología del creador del positivismo, Augusto Comte.

Del libro México, del Antiguo Régimen a la Revolución de François-Xavier Guerra. Fondo de Cultura Económica 2016, tomamos esta cita: "De regreso a México, médico y profesor, asiste impotente y sin comprometerse a las guerras de Reforma y de Intervención. Está convencido indudablemente, tanto de la futilidad y la necesidad de estas luchas, como de la primacía de la acción cultural. Lo manifestará más tarde: <<Las opiniones de los hombres son y serán el móvil de todos sus actos. Este medio (la Reforma Educativa) es de seguro lento, pero ¿Qué importa, si estamos seguros de su importancia? >> Dice en una carta dirigida a Mariano Riva Palacio fechada en octubre de 1870.

Antes de que Benito Juárez asumiera la presidencia, la educación pública estaba basada en el espiritualismo. Su transformación resultaba un reto mayúsculo si se considera un país devastado por la guerra y con tres siglos de colonialismo basado sobre todo en la imposición de la fe católica.

Es de llamar la atención que el Ministerio de Justicia y el de Educación recaían en la misma persona, Juárez nombro en esta secretaría a Antonio Martínez de Castro, quien creó una comisión para la Reforma Educativa, la cual encabezó Gabino Barreda.

De ahí surgen las leyes orgánicas de la Educación Pública del 2 de diciembre de 1867 y del 15 de mayo de 1869. Justo Sierra tenía 19 y 21 años respectivamente mientras esto ocurría. Aún estudiante de derecho le faltaban dos años para titularse.

Para Gabino Barreda la moral se inocula a través de la educación con las ciencias útiles, en contraposición a las ciencias especulativas, como sería la religión.

Una nota en la Wikipedia

(https://es.wikipedia.org/wiki/Positivismo_en_México) dice que cuando Gabino Barreda pronunció un discurso en Guanajuato en 1867, se encontraba en la audiencia Benito Juárez. Al año siguiente, ya presidente, decreta la creación de la Escuela Nacional Preparatoria y nombra a Barreda su primer director. Gabino Barreda consideraba al Clero y al Ejército, como representantes de fuerzas negativas. Esto pudo haber influido en el ánimo de Juárez para confiarle un proyecto educativo.

François-Xavier Guerra dice en la obra citada:

El positivismo mexicano, antes de ser definido como ideología de una facción política del porfiriato es la de la generación estudiante de la "República Restaurada". Sus miembros están unidos por relaciones personales asiduas y a menudo por la amistad. Aún antes de ser una ideología, con todo lo que la palabra comporta de reflexión y de coherencia, el positivismo corresponde al cambio de sensibilidad de los liberales victoriosos.

Nos encontramos entonces en que para los efectos de la educación en México la doctrina positivista entra en acción antes que el porfirismo.

Si la Escuela Nacional Preparatoria va a ser la herencia de la Reforma y del juarismo, impulsada por Gabino Barreda, la Universidad Nacional va a ser una herencia del Porfirismo y del hombre que consideraba a Porfirio Díaz un mal necesario para mantener el orden, aunque fuera tanto como lo indispensable para no sufrir una nueva invasión estadounidense que volviera a producir el caos. Este hombre es Justo Sierra.

La Educación define a la Nación

Es 10 años después de terminar la carrera de derecho, en 1881, cuando Justo Sierra, como diputado, presenta y le es aprobada la iniciativa para que la educación primaria tenga carácter obligatorio. También ese año hace la propuesta para la Universidad Nacional que no logró hasta el 22 de

septiembre de 1910, apenas dos meses antes de la fecha oficial de inicio de la Revolución Mexicana.

Sin embargo, desde ese año de 1881 que presenta la iniciativa de ley para la obligatoriedad de la enseñanza primaria hasta poco antes de su muerte en 1912, Justo Sierra ocupa la mayor parte de esos 31 en construir la estructura educativa de la nación mexicana.

En 1994 el candidato presidencial del PRI, Luis Donaldo Colosio hizo un discurso en el que afirmaba "Veo un México con hambre y con sed de justicia". Algunos consideraron que esas palabras estaban inspiradas en el sueño de Martin Luther King. Lo cierto es que Justo Sierra lo dijo 102 años antes y sea porque lo desconocía o porque los priistas no suelen dar crédito a las fuentes primarias, o porque no era adecuado que un "revolucionario" se inspirara en un positivista de tiempos de Don Porfirio, nadie lo relacionó con el fundador de la Universidad Nacional.

"México es un pueblo con hambre y sed. El hambre y la sed que tiene, no es de pan; México tiene hambre y sed de justicia", son las palabras que pronunció Justo Sierra en su discurso en la Cámara de Diputados xi

La extensión de la obra de Sierra es tal que para su comprensión se le clasificó en 14 volúmenes en la edición que realizó la UNAM en 1948 para conmemorar el centenario de su nacimiento: I *Poesía*, II *Prosa literaria;* III *Crítica y artículos literarios*; IV *Viajes*,

V *Discursos*, VI *Periodismo político*, VII *El Exterior*, IX *Ensayo*s; X *Historia de la Antigüedad*; XI **Evolución política del pueblo mexicano**; XII **Juárez su obra y su tiempo** y XIII *Epistolario y papeles privados*, los cuales enumeramos en el orden consecutivo de su publicación.

Dejamos aparte el tomo VIII, *La Educación Nacional* porque en este se conjuntan los trabajos que realizó sobre la materia durante el porfirismo.

Sierra habría de promover reformas en los jardines de niños, ideó universidades para maestros, favoreció las Bellas artes y la Música como carreras de educación superior y reorganizó los planes de estudio en Medicina, Jurisprudencia, e Ingeniería, además de promover el estudio de la arqueología.

(Todo esto debió ser ignorado, o al menos soslayado cuando se tomó en el año 2000 el auditorio de Ciudad Universitaria que lleva su nombre para sustituirlo con el de Ernesto Guevara).

Como abogado Justo Sierra consideró que la justicia dependía en gran manera de la educación de los niños porque esta iba a evitar el castigo de los adultos. Pensaba que los empresarios eran "los primeros obligados a sostener centros de investigación, enseñanza, cultura y bellas artes".

Esto que fue pensado en México y pensando para México trascendió las fronteras o por lo menos eso fue lo que le valió el calificativo de Maestro de América. Una distinción que data de 1948, en el centenario de su nacimiento y que fue iniciativa de la Universidad de la Habana a la que se sumaron otras del continente.

Una de las hijas de Justo Sierra fue María de Jesús Sierra Mayora, madre de Javier Barros Sierra, ingeniero y matemático, quien habría de convertirse, por su defensa de la soberanía universitaria en 1968, en uno de los rectores más apreciados en la historia de la Universidad Nacional Autónoma de México.

SECCIÓN G: El Capital de Marx e ideaspolíticas del siglo XIX e inicios del XX

Historia de la riqueza de las naciones

Del Feudalismo al Capitalismo, con las cruzadas como bisagra

Basado en *Los bienes terrenales del hombre original*

A partir del libro en Ediciones Génesis, Bogotá. Noviembre 2005 y disponible en línea en

http://es.slideshare.net/PaulaAlvaradoZabala/los-bienes-terrenales-del-hombre-original

En el primer capítulo de su obra, Huberman divide en tres. las clases sociales en la época feudal:

1.

Clérigos

2.

Guerreros y

3.

Trabajadores

Los dos primeros pertenecían a la clase alta y los últimos a la baja. En su mayoría deberían haberse dedicado al trabajo agrícola, si bien además de pastores y sembradores, alguien tenía que hacer otras tareas como la de los herreros, sea para forjar espadas o para preparar el yunque de los arados.

En Europa, que sirve de espacio geográfico para este estudio, no conocían mucho de la rotación de cultivos, por lo que sólo tenían generalmente, trigo y cebada. Por tradición se dividía el campo de cada señor feudal en tres áreas donde se sembraba trigo, al siguiente ciclo se cultivaba cebada, y viceversa. La tercera quedaba en preparación de barbecho.

El señor feudal vivía en el palacio fortificado y los sirvientes en chozas. El método de trabajo no se llamaba esclavitud; pero se le parecía porque el pago era en especie, con el fruto de la cosecha que se produjera en pequeñas parcelas. Sin embargo, a diferencia de lo que harían en la etapa capitalista con el tráfico de personas, las familias se conservaban unidas, mientras que en la esclavitud formal podían venderse en lotes, juntos o por separado.

Huberman también habla de categorías entre la clase

trabajadora, pues mientras los jornaleros trabajaban solo por el alimento, y los siervos tenían asignado un pedazo de tierra para mantener a su familia, los villanos contaban con cierta autonomía.

Y aunque a diferencia de los esclavos, los siervos no eran separados de sus familias, por el contrario no podían casarse con gente de otros feudos si no era con un permiso especial.

La medida de la riqueza

Dice Huberman:

Hoy son necesarios tierra, fábricas, minas, ferrocarriles, buques y maquinaria de todas clases para producir los artículos que consumimos y que digamos que un hombre es rico o no, depende de cuánto posea de aquél os. Pero en los siglos feudales la tierra producía prácticamente todos los productos que se necesitaban y por el o la tierra y sólo la tierra, era la llave de la fortuna de un hombre. La medida de la riqueza de cualquiera estaba determinada entonces sólo por una cosa, la cantidad de tierra que poseía.

De manera que la lucha por la riqueza estaba intrínsecamente ligada a la lucha por la tierra, y la lucha implica guerra. Para vencer en la guerra uno de los requisitos es tener el mayor número de combatientes y para conseguirlos se daba como recompensa una porción de tierra.

De esta manera los reyes se ganaban la lealtad de los señores feudales quienes no sólo mandaban a sus hombres, sino las armas y armaduras necesarios para equiparlos para la guerra.

Para evitar que las tierras entregadas por el monarca llegaran a otras personas que no eran de sus favoritos, en caso de que una viuda volviera a casarse, el nuevo cónyuge tenía que prestar juramento de fidelidad al rey, o bien ella podía pagar un impuesto y esto le daba el derecho de casarse con quien quisiera.

También la Iglesia basaba su fortuna en la posesión de la tierra, a veces con un uso más social de la misma que el que pudiera ejercer la nobleza.

En los inicios del feudalismo, la Iglesia había sido un elemento progresista, activo. Había preservado buena parte de la cultura del Imperio Romano. Estimuló la enseñanza y estableció escuelas. Ayudó a los pobres, cuidó a los niños sin hogar en sus orfelinatos y fundó hospitales para los enfermos.

En general, los señores eclesiásticos (la Iglesia), administraron sus propiedades mejor y obtuvieron más de sus tierras que la nobleza. Pero el cuadro tenía otro lado.

Mientras los nobles dividían sus dominios para atraerse partidarios, la Iglesia adquiría más y más tierras. Una razón para que a los sacerdotes se les prohibiese el matrimonio, era simplemente que los jefes de la Iglesia no querían perder ninguna de las tierras de esta mediante la herencia de los hijos de los funcionarios.

En contrapartida la Iglesia resultaba más beneficiada que el Estado pues incluso los villanos, que estaban excluidos de algunas obligaciones con los señores feudales, debían pagarle el 10 por ciento de toda su producción, y esto incluía desde las plumas de los gansos, hasta la lana de sus borregos.

Dice Huberman que no pagarle a la iglesia era mucho más costoso que cualquier impuesto de todos los tiempos, pues la multa consistía en una condena eterna al infierno.

Algunos historiadores coinciden, agrega, en que la Iglesia ayudó a los pobres y a los enfermos, pero otros fueron peores y más crueles que los laicos.

También estos críticos de la Iglesia dicen que, si ésta no hubiera explotado a sus siervos tan duramente, si no hubiera sacado tanto del paisanaje, hubiese habido menos necesidad de tanta caridad.

Nacimiento del gobierno y antecedentes del capitalismo

Los artesanos existentes daban su producto a los propios señores feudales; más que comercio podía haber intercambio de excedentes o trueque, prendas de lana por galones de vino, por ejemplo.

Las cruzadas si requirieron de comerciantes pues había que dar diversas provisiones a los aventureros.

Su demanda creó un mercado para esas cosas.

Además, hubo un gran aumento de la población después del siglo X y esa población adicional requería alimentos adicionales.

Muchas de las nuevas generaciones eran gentes sin tierra que vieron en las Cruzadas una oportunidad para mejorar su posición en la vida.

No es casual que el cambio del feudalismo al capitalismo haya ocurrido en Venecia y Flandes si se toma en cuenta que mientras algunas naciones europeas participaban en las expediciones al oriente medio por fervor religioso, en esas ciudades estado sacaban un provecho económico. En 1201 se firmó un contrato que tenía a los venecianos como proveedores de embarcación de 4 mil 500 caballos y el mismo número de caballeros, cada uno de los cuales llevaba un promedio de dos escuderos. Además 20 mil soldados de infantería a quienes dotarían de alimentos.

El pago consistiría en la mitad del botín:

Puede apreciarse en el documento, que mientras los venecianos estaban dispuestos a ayudar a la Cruzada "por el amor de Dios", no dejaban que este gran amor los cegase hasta el punto de renunciar a una notable participación en el botín. Eran grandes hombres de negocio.

> Estos fueron los primeros pasos para la transición del feudalismo al renacimiento. Pocos años más tarde se formaron equipos de capitalistas que se encargaban de financiar expediciones comerciales y barcos con intereses del 25 por ciento anual, que por cierto eran mucho más bajos que los que los usureros cobrarían a las personas de menos ingresos. De esto que da cuenta en parte El Mercader de Venecia, de William Shakespeare, dependió el excedente de capitales que tuvieron los venecianos y que invirtieron en remozar su ciudad, la que hasta inicios del Siglo XXI es considerada una de las más hermosas del planeta.

Las cruzadas, podemos concluir, fueron por estas razones las que marcaron el inicio de la transición del teísmo al humanismo, y de paso, al capitalismo.

La época de la Burguesía:

Crisis y desenlace de las revoluciones de 1848

El libro de Guy Palmade en el que también colaboran los franceses Patrick Verley y Jean- Pierre Daviet pone como centro de la acción el año de 1848 y a Europa como escenario. Advierte el autor que aunque toda selección es arbitraria, ese fue un año crucial para una parte de Europa y lo que ahí sucedió tuvo repercusiones en otras partes del mundo, por más que se quiera evitar una visión euro centrista.

Para ubicarnos en tiempo y época nos recuerda que ese fue el tiempo de un personaje universal como Julio Verne; el inicio de la fiebre del oro en California y el de la apertura de los países del Extremo Oriente al comercio internacional.

En 1848 se publicó el manifiesto comunista de Carl Marx y Friedrich Engels. Ese mismo año la proletarización de gran parte de la sociedad y el desarrollo de las comunicaciones, tanto por el tren como por el el telégrafo, contribuyeron a difundir estas ideas, así como las del socialismo utópico, entre las que destacaron los franceses Proudhom y Louis Blanc.

Las revoluciones de 1848

Los aumentos de precios en Francia y la plaga de las papas en Irlanda, que provocó hambruna entre la población fueron algunos antecedentes de estos movimientos sociales.

El antiguo régimen, como se llamaba a la forma de gobierno anterior a la Revolución Francesa, intentaba restablecerse.

En 1848 accede al poder como presidente Luis Napoleón Bonaparte. Aunque tres años después fue proclamado emperador

En el caso de Francia, un sector identificado con la nobleza, llamado Alta Burguesía, disputaba la hegemonía política a otro grupo social menos poderoso denominado Pequeña Burguesía.

En Alemania la convocatoria para una Asamblea Constituyente provocó batallas callejeras (algo que recuerda a la Venezuela del 2017). En 1849 se propuso una monarquía constitucional en la Constitución de Frankfurt que fue rechazada por el Rey de Prusia y por varios príncipes.

En Dinamarca, en cambio se formó una monarquía constitucional, bajo la cual se incorporaba el pueblo de Schleswig: pero como sus habitantes se consideraban más alemanes que daneses se opusieron, con el apoyo de Prusia.

Fue hasta la Primera Guerra Mundial cuando esta anexión ocurrió, como resultado de la derrota de Alemania.

En Austria, gobernada por los Habsburgo, se presentaron diversas revueltas populares relacionadas con las etnias que reclamaban autonomía o soberanía, entre estos los eslavos, los eslovacos, croatas, bosnios y serbios. A estas revueltas contribuyeron los intentos de unificación alemana, dado que muchos de estos eran súbditos de los Habsburgo.

En España se produjeron también motines callejeros contra el presidente del Consejo de Ministros, Ramón María Narváez. Hubo intentos de revolución en Madrid, Barcelona y Valencia que tuvieron lugar en marzo de 1848, en Sevilla el 13 de mayo y otra vez en Barcelona el 30 de septiembre Fueron sofocados.

Por esa época, especifica el autor de *La época de la Burguesía*, la población europea representaba

aproximadamente una quinta parte de la población mundial.

Sobre la supremacía de europea, se explica en parte según el autor por su tecnología naval que los llevó a explorar y ampliar territorios fuera de su continente. A mediados del siglo XIX se conservaban colonias de los imperios español, portugués, holandés, británico y francés.

Los barcos a vapor ya enlazaban Liverpool y Boston.

La disponibilidad de alimentos aumentó en Alemania, Francia, Inglaterra y los países bajos, tanto por el trabajo agrícola como el ganadero. La sociedad rural enriquece y empieza a formarse la pequeña burguesía.

Pero esto también provoca acumulación de riqueza, hacia 1845, dice Guy Palmade, 2 mil señores son propietarios de la mitad de las tierras inglesas.

Los dueños de las nuevas fortunas, nacidas del capitalismo comercial o industrial, se apresuran también a establecerse y a invertir en tierras, lo que, en unión de otros mecanismos unificadores, como el de la educación, tiende a ligar estrechamente a los hijos de los terratenientes (squires) y de los hombres de negocios en una clase homogénea de propietarios.

En Hungría la familia Esterhazy es dueña de 231 mil hectáreas pobladas por 700 mil personas.

El ferrocarril, al tiempo que prepara el advenimiento de los mercados nacionales, tiende a romper el aislamiento de los mercados nacionales, tiende a romper el aislamiento de los grupos humanos, ampliar sus horizontes, multiplicar sus contactos y facilitar sus desplazamientos. Los comienzos de la producción en masa van a ofrecer a los consumidores populares una gama más rica de artículos menos costosos.

Socialismo utópico ¿Romance o ciencia?

Pero al mismo tiempo los artesanos y trabajadores a domicilio se reducen para convertirse en asalariados. Lo mismo ocurre con antiguos pequeños propietarios de talleres. La industria se vuelve una competencia difícil, sobre todo para los tejedores.

El aumento de alimentos en el primer tercio del siglo XIX, junto con las medidas sanitarias que redujeron las epidemias había sido favorable para el aumento de la población. La industrialización crea empleos en las ciudades y a ella van a acudir masas campesinas. Al mismo tiempo el capital busca mayores ganancias con menos inversión.

Aunque se empiezan a incorporar leyes que para 1824

y 1825 permiten las uniones de los trabajadores, las ciudades no están preparadas para recibir contingentes tan grandes y se crean zonas de pauperización. La hambruna en Irlanda es otro de los factores que crea olas migratorias hacia Inglaterra.

Este es el contexto de la publicación del Manifiesto Comunista

Hay algo de romanticismo en esta seguridad profética que manifiestan, en toda ocasión, los fundadores de un socialismo que ellos califican sin embargo de "científico". El romanticismo impregna, de manera más o menos difusa, la mentalidad colectiva de la época: es un componente esencial del "espíritu del 48"

La crisis de subsistencia había empezado en 1845 en Irlanda, pero también afectó a Flandes. Luego se redujeron las cosechas de cereales. Importarlos de regiones lejanas tampoco era una solución porque esto implicaba precios inalcanzables para la mayoría de la población. La especulación es la reacción de una parte, el saqueo de graneros, la de otra.

En 1847 las cosechas vuelven a mejorar, sin embargo, la acumulación de la irritación provoca revueltas populares.

La expansión de los ferrocarriles supone un excesivo optimismo en el futuro, se emiten bonos que no iban a poder ser respaldados por el mercado.

El temor a lo desconocido, a la subversión y a la guerra hizo cundir el pánico en la bolsa y las finanzas, paralizó las compras y el crédito y bloque la actividad industrial. Con la miseria crónica como telón de fondo, el desempleo agrava las condiciones de vida de las clases populares

Las crisis, según Marx no tienen una sola causa. En 1848 al mismo tiempo que algún sector había logrado una sobreacumulación de capital, las masas no tenían suficiente poder de compra.

Según el propio Marx las crisis son consecuencia de las contradicciones del mismo sistema. Así, la expansión del ferrocarril, de los telégrafos, el aumento de las cosechas y de la industria creó expectativas que luego no se hicieron realidad. La búsqueda de mejores condiciones políticas y económicas para las masas provocó la simultaneidad de estas revoluciones en diversas naciones de Europa.

Sin embargo también hubo una causa común para la recuperación de la burguesía como clase dominante. La economía estaba sustentada en la plata y el oro. Entre 1848 y 1853 se descubrieron consecutivamente minas de oro en California, Canadá, Australia y Nueva Zelanda. Con esto aumentó la masa monetaria.

Lo interesante es que el beneficio de los imperios se obtuvo de las colonias. Inglaterra, por ejemplo, invirtió en los ferrocarriles mexicanos y en otros países de América Latina.

Esto aumentó las diferencias entre clases sociales, el resentimiento y la marginación.

El antiguo régimen, representado en Europa por la monarquía, en México era el porfirismo. Guy Palmade dice que más por la tendencia de los gobiernos a proteger a las clases privilegiadas que por su mal corazón, esto provoca la indignación popular

Así que por las mismas causas, o muy similares, que las revoluciones recorrieron Europa en 1848, se produciría en Cuba la Guerra de Independencia en 1895 y en México la revolución de 1910. Y en todos los casos por los mismos actores, las clases medias ilustradas y la pequeña burguesía.

Lucas Alamán y la Organización de EstadosAmericanos un siglo antes de su existencia

Basado en Lucas Alamán, Historia de Méjico

V.Agüeros y Comp., Editores, 1883. Disponible gratuitamente en línea a través de la colección americana de la Biblioteca de Harvard

https://archive.org/details/historiademexic02alamgoog

Mexicano e hijo de españoles Lucas Alamán nace en 1792, es un adolescente durante el inicio de la Independencia de México y vive muy de cerca uno de sus primeros hechos, el saqueo y violencia de la toma de la Alhóndiga de Granaditas.

Antes de la consumación de la Independencia, Alamán fue diputado en representación de la provincia de Nueva Galicia, que abarcaba lo que más tarde, ya como República Mexicana, comprendería los estados costeros con el Océano Pacífico de Jalisco, Nayarit, Sinaloa y Sonora, además de San Luis Potosí.

Su ideología conservadora le llevó a ser partidario de los imperios. Trabajó para el de Agustín de Iturbide, como Ministro del Interior, entre 1823 y 1825. Tras la pérdida de Texas en 1836 continuó como funcionario de gobierno en el rol de director de la Junta de Fomento, pero ya para entonces fue menor su trabajo como funcionario público y más activo como historiador.

Su posición política como fundador e integrante del Partido Conservador Mexicano, no debe hacer que se deje de valorar su posición progresista e integradora en el ámbito internacional. Como José Martí en Cuba, Lucas Alamán buscó la integración latinoamericana a través de un programa que denominó *Pacto de Familia*.

Para esto se valió de dos ministros plenipotenciarios: Manuel Díez de Bonilla quien impulsó las relaciones comerciales con Centroamérica y Colombia, y Juan de Dios Cañedo que logró acuerdos comerciales, de amistad y de navegación con varios países de América del Sur.

La Asamblea Hispanoamericana que impulsó Lucas Alamán no llegó a consolidarse debido a las divisiones que siguió sufriendo México hasta su muerte, en junio de 1853, pero sin duda fue un precedente para la integración de la Organización de Estados Americanos (OEA) que finalmente se integró caso un siglo más tarde, en 1948.

Al momento de su muerte, Lucas Alamán se desempeñaba como canciller de México por encargo del presidente Antonio López de Santa Ana.

Una neumonía fue la causa de su fallecimiento, a los 60 años de edad, el 2 de junio de 1853.

El Méjico con j de Lucas Alamán y su compromiso con la historia

Así inicia su Historia de Méjico:

> EN LOS DOS AÑOS DE 1844 y 45 destiné los ratos de descanso que me dejaban mus multiplicadas obligaciones, a presentar en una serie de disertaciones, de que se publicaron entonces dos tomos, los hechos principales relativos a la conquista de Méjico por los españoles, al establecimiento de su gobierno y de la religión católica que sus ministros propagaron, y a la formación y progresos de la capital. Parecióme necesario este trabajo, porque veía el poco conocimiento que se tenía acerca de este género de nociones, tan indispensables en un país, en que todo cuanto existe trae su origen de aquella prodigiosa conquista, y el público en general recibió con aprecio esta obra, que no dejó de producir bastante bien, rectificando algún tanto las ideas que habían padecido notables extravíos. Preparábame a seguir publicando el tercer tomo, que debía contener la historia compendiada de la administración española en los tres siglos que duró, terminando con presentar el estado en que se hallaba el reino de Nueva España, cuando comenzó la revolución que ha hecho olvidar este

nombre, sustituyendo en su lugar el de México, pero la serie no interrumpida de trastornos políticos que desde entonces se han seguido, ha impedido verificar mi intento.

Reservé pues continuar esta publicación en menos azarosas circunstancias, como he comenzado a efectuarlo, dando mayor extensión y amplitud a mi primitivo plan, pero como no he considerado las disertaciones más que como la introducción a la historia de la independencia, el escribir esta ha sido el objeto final de mis tareas.

Y más adelante sobre sus razones como historiador:

Veo por otra parte que todos aquellos de mis contemporáneos que hubieran podido tratar con acierto esta materia, van desapareciendo sin dejar nada escrito: que todo cuanto hasta ahora se ha publicado sobre los acontecimientos de esta época tan importante está plagado de errores, hijos unos de la ignorancia, otros de la mala fe y de las miras siniestras de los escritores, que todos se han dejado llevar del espíritu del partido, como sucede casi siempre en los que escriben, recientes todavía los odios de las facciones a que han pertenecido. Por todas estas razones me ha parecido deber ocuparme de esta parte de nuestra historia, de preferencia a la continuación de las disertaciones, que no dejaré sin embargo de la mano, antes que me falte el tiempo o la salud, y bajen conmigo al sepulcro las noticias que con tanta diligencia he recojido (sic), quedando por falta de ellas la historia de Méjico, desde el año de 1808 en adelante, reducida como hoy está, a

41

relaciones fabulosas y cuentos ridículos, con los que se ha alterado de tal manera la verdad de las cosas, que la generación que se va formando, y en las que pocos quedan ya que sepan verdaderamente como fueron los sucesos, procede con las ideas más extraviadas, lo que está dando lugar a males de la mayor trascendencia.

El Positivismo como filosofía para crear la historia del futuro reformando la educación… y su influencia sobre los "Científicos" Mexicanos

Basado en **México, del *Antiguo Régimen a la Revolución de François-Xavier Guerra*. Fondo de Cultura Económica** 2016

El positivismo es la doctrina ideológica dominante del régimen porfirista y de un grupo identificado por la prensa de la época como los "científicos". Es parte del periodo de construcción del Estado Mexicano y aunque a lo largo del tiempo se ha identificado a los positivistas como defensores del régimen dictatorial, lo cierto es que se trataba de una ideología liberal, tendiente a construir la democracia, principalmente a través de la educación.

Aunque el positivismo intenta reorganizar la vida en sociedad a través de métodos científicos, no todos ellos pueden ser catalogados bajo la descripción, más bien de carácter político, de "científicos. Aun así ambos grupos compartían ideas liberales.

Científicos, positivistas, o ambos grupos, lo que indudablemente tenían en común es pertenecer a una élite liberal y económica, sin embargo había matices pues unos resultaban liberales ortodoxos, y liberales científicos los otros.

Los liberales ortodoxos podrían distinguirse de los segundos por justificar la necesidad de un dictador como costo ineludible "para poner fin al mecanismo de la insurrección en nombre de la voluntad del pueblo", según dice Guerra en el capítulo de su libro: Los Intelectuales y la Ideología.

Esos mismos liberales ortodoxos, algunos de los cuales pertenecieron a clubes de amigos del presidente Díaz utilizaron estos términos para referirse a él:

• Francisco G. Cosmes: Una tiranía honrada

• Emilio Rabasa: Dictadura democrática

• Francisco Bulnes: Una buena dictadura

Dentro de las dos corrientes, la de los liberales ortodoxos y la de los neo liberales positivistas, sería la primera la que mejor puede identificarse con los llamados científicos.

Hecha esta distinción, el neo positivismo liberal sí puede considerarse predominantemente como una ideología democratizadora, principalmente a partir de la educación, en la que se centra el trabajo de Justo Sierra y Gabino Barreda.

El positivismo y el proyecto educativo para la nación mexicana

En la cultura popular, la canción de Gabino Barrera "el que no entendía razones andando en la borrachera", ha hecho que se olvide a don Gabino Barreda, con "d", que es quien introdujo el positivismo a México, doctrina que conoció cuando estudiaba en París la carrera de Medicina, entre los años de 1847 y 1851.

Gabino Barreda había iniciado estudios de derecho en México, pero su pasión por las ciencias naturales lo llevó primero a estudiar química y luego a matricularse en la Escuela de Medicina de Francia, país en donde se encontraba cuando ocurrió la invasión de Estados Unidos y donde asimiló la ideología del creador del positivismo, Augusto Comte.

"De regreso a México, médico y profesor, asiste impotente y sin comprometerse a las guerras de Reforma y de

Intervención. Está convencido indudablemente, tanto de la futilidad y la necesidad de estas luchas, como de la primacía de la acción cultural. Lo manifestará más tarde: <<Las opiniones de los hombres son y serán el móvil de todos sus actos. Este medio (la Reforma Educativa) es de seguro lento, pero ¿Qué importa, si estamos seguros de su importancia? >> Dice en una carta dirigida a Mariano Riva Palacio fechada en octubre de 1870.

Antes de que Benito Juárez asumiera la presidencia, la educación pública estaba basada en el espiritualismo. Su transformación resultaba un reto mayúsculo si se considera un país devastado por la guerra y con tres siglos de colonialismo basado sobre todo en la imposición de la fe católica.

Es de llamar la atención que el Ministerio de Justicia y el de Educación recaían en la misma persona, Juárez nombro en esta secretaría a Antonio Martínez de Castro, quien creó una comisión para la Reforma Educativa, la cual encabezó Gabino Barreda.

De ahí surgen las leyes orgánicas de la Educación Pública del 2 de diciembre de 1867 y del 15 de mayo de 1869. Para Gabino Bareda la moral se inocula a través de la educación con las ciencias útiles, en contraposición a las ciencias especulativas, como sería la religión.

Una nota en la Wikipedia (https://es.wikipedia.org/wiki/Positivismo_en_México) dice que cuando Gabino Barreda pronunció un discurso en Guanajuato en 1867, se encontraba en la audiencia Benito Juárez. Al año siguiente, ya presidente, decreta la creación de la Escuela Nacional Preparatoria y nombra a Barreda su primer director. Gabino Barreda consideraba al Clero y al Ejército, como representantes de fuerzas negativas. Esto pudo haber influido en el ánimo de Juárez quien no pareció magnánimo con el coronel Porfirio Díaz, pese a sus servicios durante el imperio de Maximiliano.

El positivismo mexicano, antes de ser una ideología de una facción política del porfiriato es la de la generación estudiante de la "República Restaurada". Sus miembros están unidos por relaciones personales asiduas y a menudo por la amistad. Aún antes de ser una ideología, con todo lo que la palabra comporta de reflexión y de coherencia, el positivismo corresponde al cambio de sensibilidad de los liberales victoriosos.

El positivismo se enfoca en la educación y su parte liberal de dejar hacer, dejar pasar, no pone ningún obstáculo a la llegada del régimen de Porfirio Díaz. Justo Sierra y sus amigos permanecen apartados de la política de noviembre de 1876 a enero de 1878.

Solo después de 14 meses de actividad forzada, Sierra y Porfirio Díaz concluyen un acuerdo: Díaz da su apoyo financiero para la publicación de un diario, La Libertad, en el que los positivistas conservan la libertad total para exponer sus ideas, aunque sean críticas respecto al presidente.

Del positivismo al cientificismo

Desde el fin de la Edad Media y el advenimiento del Renacimiento los sabios aumentaron su influencia como educadores de los príncipes. Durante el porfirismo los positivistas también intentaron ejercer su influencia sobre el jefe de estado para educarlo sobre lo que en su opinión debería ser una buena República.

En teoría la libertad debería ser el camino para llegar a la paz y la prosperidad; pero para los positivistas mexicanos las experiencias de guerra recientes hacían cambiar el orden de las prioridades: imponer la paz para luego permitir la libertad, (o como sería durante muchos años después la línea del Partido Acción

Nacional, crear riqueza para luego repartirla, aunque nunca se supo cuando se habría acumulado la suficiente riqueza para que llegara la hora de repartirla)

Xavier Guerra ubica para la tercera reelección de Porfirio Díaz la transición de los liberales positivistas en liberales cientificistas.

En las dos primeras décadas del porfirismo por encima de la "libertad" se coloca el "orden" para alcanzar el progreso.

El Partido Unión Liberal, creado por José Ives Limantour en 1892, apoyaba a Porfirio Díaz y consiguió con ello algunas secretarías de Estado, como la de Hacienda, que encabezó el propio Limantour, desde 1892 hasta 1911.

Los militantes de ese partido fueron los primeros en ser denominados científicos. Su causa común seguía siendo la democracia, pero con restricciones, las suficientes para conservar el orden y evitar el avance de la anarquía. Esperaban que recayera en el Partido de los "Científicos" el militante que tuviera la suerte de suceder a Don Porfirio.

Pero no todos anteponían el orden a la libertad, ese mismo año de 1892, Justo Sierra decía como orador de la Convención Nacional celebrada el 31 de abril.

"Creemos llegado el momento de iniciar una nueva era en la vida histórica de nuestro partido, creemos que, así como la paz y el orden ya han sido obtenidos, ha llegado la hora de la libertad (...) creemos que así como la paz y el progreso material han realizado este fin, toca a su vez a la actividad política consolidar el orden (...) tócales demostrar que de hoy en adelante (la paz, basada en el interés, , y en la voluntad de un pueblo, es lo normal y que para ello es preciso ponerla en la piedra de toque de la libertad".

Es notorio que para Justo Sierra el positivismo como método de la historia, no es para abordar el pasado, sino cuando mucho el pasado más reciente y solo para que el conocimiento entre en efecto inmediato para transformar su presente y el futuro.

A este respecto dice Xavier Guerra "La libertad política ya no es un fin lejano sino, por el contrario la condición misma de la paz"

En ese mismo año de 1899 Justo Sierra había advertido que ya no podían continuar las reelecciones de Porfirio Díaz, pero este vuelve a hacerlo en 1903.

Francisco Bulnes revive entonces otro principio de los positivistas, el antimilitarismo:

La sociedad es un organismo esencialmente civil que exige imperiosamente un gobierno civil y no puede ser tratada ni confundida con un cuartel ni con un convento.

La fuerza mental, señala una de las conclusiones del Congreso Nacional Liberal de 1892, puede permitir mediante la ciencia conseguir una inconmensurable fuerza física.

Del uso de la palabra ciencia en ese manifiesto va a depender seguramente el hecho de que a los positivistas mexicanos influenciados por Comte, usando a Gabino Barreda como correa de transmisión, se les llame científicos.

No debe haber pasado desapercibida la frase de Newton aplicada a la política: "Dadme un punto de apoyo y moveré la tierra".

El método histórico de los positivistas no era para conocer la historia pasada, sino para transformar la historia futura con la herramienta de la educación.

No con ciencias especulativas ni con las herramientas que podría aportar la religión, sino con ciencias concretas capaces de inculcar la moral. El positivismo como método de la ciencia y la historia como ciencia base del positivismo.

Reseña de *La ética protestante y el espíritu del Capitalismo*

El sociólogo y economista alemán Max Weber se propuso en este libro el análisis sobre la relación entre la religión, concretamente el protestantismo y el capitalismo. Él mismo integrante de una familia protestante y de universitarios, consideraba que una de las causas originales de la riqueza "presupuso, en parte la posesión de un capital, en parte una educación onerosa y, en la mayoría de los casos, ambas cosas a la vez".

A principios del siglo XX, cuando Weber escribió su obra, las ciudades económicamente más exitosas eran protestantes y también tenían en común haber adoptado la religión protestante, particularmente en su variable calvinista, desde el siglo XVI.

La religión tenía como fundamento el hábito de evitar cualquier gasto innecesario y al mismo tiempo obtener el máximo rendimiento con el mínimo trabajo. Esto, aplicado a la economía es también el fundamento del capitalismo.

Actividades como la inversión en bolsas de valores que se estima aumentarán de precio, requieren de poco esfuerzo físico, de poco trabajo. Serían entonces los hábitos religiosos los que condujeron al capitalismo.

La tiranía de la religión era más fuerte entre los calvinistas que entre los católicos, obligando a los primeros a una vida más parca. Aún entre la clase obrera, quienes llevaban la religión reformista serían obreros mejor calificados que los segundos.

Así los trabajadores manuales eran mayoritariamente católicos, mientras que los protestantes ocupaban los puestos de empleados administrativos o capataces. Seguramente no se trataba únicamente de sus mayores capacidades como obreros calificados, sino que evidentemente los empresarios daban preferencia a quienes tenían su misma religión.

Por otra parte, mientras más se alejaban de lo mundano, algunas sectas protestantes se hacían más ricas. Algunas, víctimas de persecuciones religiosas, tuvieron que alejarse de sus países de origen. El autor cita el ejemplo de los cuákeros que se establecieron en Inglaterra y el de los Menonitas que se asentaron en los países bajos y en Alemania. Estos últimos, por cierto, se negaban a realizar el servicio militar lo que les daba la tranquilidad y el tiempo para desarrollar la industria.

El trabajo se convertía en el fin mismo de la vida, no en el medio para la subsistencia. Por otra parte la vida austera hacía que las riquezas se acumularan. En esta lógica sería la religión la que conduce al estilo de vida que adoptaba el capitalismo.

Weber cita a Benjamín Franklin para establecer máximas que serían comunes a la religión y al espíritu del capitalismo:

"Ten en cuenta que el tiempo es dinero. Quien podría ganar diez chelines por día con su trabajo y se dedica a pasear la mitad del tiempo, o quedarse ocioso en su habitación, aunque destine tan solo seis peniques para su esparcimiento, no debe calcular sólo esto. En realidad son cinco chelines más los que ha gastado, o mejor dicho, desperdiciado".

Después de dar varios ejemplos acerca de la ética que debe tener el que solicita un crédito y de cómo depende de este para hacer negocios, Weber cita al escritor austriaco Ferdinand Kürnberger quien decía que los estadunidenses se regían por la norma: "De las vacas se hace sebo y de las personas, dinero"

La codicia, dice Weber, ha existido por toda la historia de la humanidad, pero ganar dinero no es en sí mismo capitalista, a esta forma de la economía le acompaña una ética. Cuando

Benjamín Franklin aconseja mantener el buen crédito, lo hace porque esta es la mejor manera de hacer más dinero.

"Ten en cuenta que — según el refrán — un buen pagador es el dueño de la bolsa de todo el mundo. Quien sea reconocido como pagador puntual en el plazo convenido siempre podrá disponer del dinero que a sus amigos no les hace falta".

"Esto puede ser muy beneficioso. Además de la laboriosidad y la mesura, no hay nada que contribuya más al progreso de un hombre joven que la puntualidad y la rectitud en todos sus negocios. Por ello, nunca retengas el dinero que has pedido prestado ni por una hora más de la convenida a fin de que el enojo de tu amigo no te cierre su bolsa para siempre".

En otra parte de su libro Weber cita que, en la agroindustria, tanto por factores climáticos como de mercado en ocasiones era necesario acelerar la producción y para ello que los patrones propusieron pagar más por el trabajo a destajo, pero no funcionó porque los agricultores calculaban cuanto necesitaban para vivir y no les entusiasmaba el excedente que se les ofrecía.

Sin embargo, la idea de que es más productivo pagar poco para que los trabajadores se empeñen más, tampoco sirve al desarrollo del capitalismo, dice Weber, pues aunque haya un "ejército de reserva" excesivamente numeroso, las capacidades físicas de la gente son limitadas, de manera que la sobre explotación los llevará a ser un "selección de inservibles"

En la actualidad, el campesino de Silesia, esforzándose al máximo, sólo consigue segar algo más de dos tercios del campo que en el mismo tiempo siega el mejor remunerado y mejor alimentado campesino de Pomerania o de Mecklemburgo. El campesino polaco, mientras más al Este se sitúe, rinde físicamente cada vez menos si se lo compara con el alemán. Y también desde el punto de vista puramente comercial fracasa la remuneración baja como pilar del desarrollo capitalista en todos aquellos casos en que se trata de productos cuya manufactura exige alguna clase de trabajo calificado (con aprendizaje), o bien requiere la atención de máquinas caras y delicadas, o bien, en suma, se exige una alta dosis de constante atención e iniciativa. En estos casos la baja remuneración no es rentable y termina produciendo resultados contrarios a los esperados.

La dedicación a la profesión, no depende de los salarios bajos o altos, sino de la educación a los trabajadores. El problema se ve más claramente, dice Weber, con las mujeres que son más resistentes a desarrollar formas de trabajo innovadoras rigiéndose más por las tradiciones.

Sin embargo, considerando solo a las mujeres asegura que, entre las alemanas, son más productivas las egresadas de escuelas religiosas.

Más adelante señala que no todas las fortunas que hacen los capitalistas provienen de antiguas riquezas y que por el contrario hay muchos advenedizos.

Algunos empresarios decidieron que en lugar de enfrentar la competencia de las ciudades resultaba rentable ir al campo y convertir la fuerza campesina en fuerza obrera.

Y de la misma manera, quienes produjeron este cambio superficialmente modesto, pero aun así decisivo para la impregnación de la vida económica con este nuevo espíritu, no fueron especuladores temerarios e inescrupulosos, ni aventureros económicos como los que hallamos en todas las épocas de la Historia económica, ni simplemente "grandes hombres de dinero", sino hombres que crecieron en la dura escuela de la vida, sopesando y atreviéndose simultáneamente; pero, por sobre todo, fueron hombres sobrios y constantes, intensa y completamente dedicados a su tarea con concepciones y "principios" burgueses estrictos.

Aunque ya en la época de Weber muchos empresarios no solamente no eran religiosos, sino que los había inclusive francamente anti eclesiásticos estaban imbuidos de esa tradición en la que el trabajo se les hacía indispensable para vivir y, aunque tuvieran dinero, incluso en exceso, seguían trabajando en forma casi automatizada, por lo tanto irracional.

Se daba el caso también de que una vez exitosos y con hijos en las universidades a las que iban las familias de abolengo, muchos empresarios trabajaban de manera que se tendiera a olvidar la humidad de su origen familiar, que los hiciera parecer como advenedizos.

El éxito capitalista consistía entonces no en ser los mejores en su profesión, sino en la profesión de ganar dinero.

Es interesante hacer notar, como lo hace Weber, que en la época pre capitalista muchas personas donaban su dinero a la iglesia o a instituciones religiosas, como compensación "a una usura injustamente obtenida".

Esto a diferencia de lo que ocurrió en los países puritanos donde instituciones educativas, museos y universidades se vieron financiadas, aún lo son, por los capitales heredados por los grandes industriales capitalistas.

Basta con leer la descripción que hace, por ejemplo Franklin, de sus esfuerzos al servicio del mejoramiento comunal de Filadelfia para darse cuenta de lo obvia que resulta esta evidente verdad. Y la alegría, y el orgullo, de haberle "dado trabajo" a innumerables personas; el haber participado del "florecimiento" económico de la ciudad natal — en el sentido popular y contable que el capitalismo le otorga a esa palabra — todo esto, por supuesto, pertenece a esa específica e indudablemente "idealista" alegría de vivir propia del moderno empresariado.

Violencia, acumulación original de lariqueza suelo y subsuelos en México

La Acumulación original de la Riqueza según explica Karl Marx está sustentada en dos puntos principales, en el despojo mediante la violencia de los medios de producción y en la creación de las condiciones para apoderarse de la fuerza de trabajo de los otros, mediante la coacción y el acorralamiento para que no haya alternativas.

El tema es tratado por Marx en los capítulos 23, 24 de su obra El Capital y en este trabajo pretendemos demostrar que las mismas condiciones, o al menos muy similares a las que describe el economista siguen reproduciéndose en México a ciencia y paciencia del Estado. También ajusta a este análisis el capítulo 25 toda vez que trata de la colonización como método de esta acumulación del capital.

Si en este momento la Constitución Mexicana estableciera que la propiedad del suelo y el subsuelo es propiedad del Crimen Organizado, no estaría más lejos de la verdad que al decir, como lo dice, que es propiedad de la Nación.

La propiedad de las tierras y aguas comprendidas dentro de los límites del territorio nacional corresponde originariamente a la Nación, la cual ha tenido y tiene el derecho de transmitir el dominio de ellas a los particulares constituyendo la propiedad privada.

No existen datos públicos que nos permitan conocer cuáles son los beneficios que produce la explotación del oro, plata y otros metales preciosos que se encuentran en la tierra mexicana, por el contrario existen indicios de que las condiciones de vida de la población que habita en las poblaciones mineras de la República, es tanto o más deplorable que en la Colonia, con el agravante de que en el Siglo XXI los particulares a los que se les ha cedido el dominio de tierras y aguas o pagan cuotas al crimen

organizado o de plano acaban cediéndoselas para que las exploten ellos mismos cuando los beneficios no alcanzan sus exigencias.

Al inicio del capítulo 24, donde Marx estudia el problema de la acumulación original de la riqueza escribe que, así como existe el mito de Eva engañada por la serpiente existe otro que atribuye los privilegios de la riqueza al tesón de una élite y la pobreza a la vagancia de los demás.

Pero antes, en el capítulo 23 menciona que la pobreza es una necesidad para acicatear el trabajo de las masas: Los que se ganan la vida con su trabajo diario [...] no tienen nada que los acicatee para ser serviciales salvo sus necesidades, que es prudente mitigar, pero que sería insensato curar. La única cosa que puede hacer diligente al hombre que trabaja es un salario moderado: si fuera demasiado pequeño lo desanimaría o, según su temperamento, lo empujaría a la desesperación; si fuera demasiado grande, se volvería insolente y perezoso... De lo que hasta ahora hemos expuesto, se desprende que, en una nación libre, donde no se permite tener esclavos, la riqueza más segura consiste en una multitud de pobres laboriosos.

La ausencia de información sobre los recursos minerales que tiene México podría justificarse en lo que plantea Marx:

Para hacer feliz a la sociedad" (que, naturalmente, se compone de no trabajadores) "y para contentar al pueblo aun en su mísera situación, es necesario que la gran mayoría siga siendo tan ignorante como pobre.

Fuerza de trabajo propia y excedente

En el Primer Tomo de México, del Antiguo Régimen a la Revolución, François Xavier Guerra cuenta que una sola comunidad indígena fue capaz de prestarle al virrey 100 mil ducados de su caja de comunidad

El Virrey Revillagigedo estimaba a fines del siglo XVIII que el total de ingresos anuales de las "cajas de comunidad" de la Nueva España se elevaba a medio millón de pesos.

Antes de Juárez la propiedad comunal, según estos datos, prevalecía sobre la propiedad privada y los libros de cuentas de los ayuntamientos demostraban que había autonomía para decidir en que se gastaba el dinero, destacándose los rubros de fiestas profanas, fiestas religiosas y pago a maestros y médicos de las comunidades rurales.

El trabajo de Marx, relativamente contemporáneo a estos hechos, establece que en la época pre capitalista los campesinos europeos tenían la posibilidad de atender sus propias cosechas en predios de cuatro acres, equivalentes a 16 mil metros cuadrados.

Pero también estos últimos eran de hecho, a la vez, campesinos que trabajaban para sí mismos, pues además [897] de su salario se les asignaba tierras de labor con una extensión de 4 acres [q] y más, y asimismo cottages. Disfrutaban además, a la par de los campesinos propiamente dichos, del usufructo de la tierra comunal, sobre la que pacía su ganado y que les proporcionaba a la vez el combustible: leña, turba, etc.

Retornando al ejemplo de la Nueva España, para compararlo con la economía europea:

El visitador Gálvez comenzó en 1767, el gran ciclo de reformas, la más importante de las cuales, en el ámbito que nos interesa aquí, será la creación del Contador General de la Comisión de Propios Arbitrios y Bienes de Comunidades de todas las Ciudades, Villas y Lugares del Reyno de la Nueva España-

> No omite Xavier Guerra en su análisis el decir que estas medidas tenían como propósito fortalecer al Estado y aumentar sus riquezas mediante los impuestos que se le exigieran a los ayuntamientos, pero al fin y al cabo serían recursos para el Estado, lo que no ocurre en el siglo XXI, cuando ignoramos cuanto producen las minas y que beneficio arrojan a las comunidades.

Más aún porque se cree que los bloques minerales se exportan en bruto por completo al extranjero, sin que los beneficios, entendidos estos como el peso neto de los minerales preciosos que se extraigan de los bloques se realicen en México.

El problema no se da solo con los minerales preciosos, sino con otros metales como el cobre.

Empresarios mineros, mexicanos y extranjeros, pequeños o representantes de grandes transnacionales se ven hostigados por el crimen organizado para pagarles tributo pues el Estado Mexicano no es capaz de brindarles la protección que les evite represalias. El eslabón más débil son los trabajadores mineros que ni reciben una compensación proporcional al valor de su trabajo, ni si la tuvieran podrían disfrutarla porque serían objeto de la violencia.

En las regiones de la Montaña y la Costa Chica de Guerrero existen yacimientos que podrían explotarse con una correcta coordinación entre autoridades y pobladores, pero por el contrario existe un clima de polarización ante el temor de que como ocurre en otras partes del país, los beneficios sean para unos cuantos privatizadores y los negativos efectos secundarios para el resto de la población.

Los intentos de desmantelar a las policías comunitarias, como fue el caso del encarcelamiento de Nestora Salgado en agosto de 2013, son atribuidos por sociólogos a facilitar la entrega de estos recursos naturales a compañías privadas.

Aurora Harrison / Enviada, Tlapa de Comonfort,- El coordinador del área educativa del Centro de Derechos Humanos de La Montaña Tlachinollan, Roberto Gamboa Vázquez informó que hay 42 yacimientos mineros en el estado, los cuales pretenden ser explotados por empresas extranjeras, que han conseguido concesiones por parte del gobierno federal, sin tomar en cuenta a los ejidatarios de esas tierras.

Durante la conferencia Entre la negociación de los derechos colectivos y la resistencia de los pueblos en defensa del territorio, dictada en el Foro en Defensa del Territorio, dio a conocer que nueve núcleos ejidales rechazaron las minas, entre las cuales mencionó a la comunidad de Totomistlahuaca, donde los comuneros se unieron en defensa de su territorio.

"Hay 42 yacimientos registrados, 200 mil hectáreas en concesión, las principales concesiones son las de la Diana, tiene 15 mil hectáreas y la empresa se llama Casmin, afecta a comunidades de Paraje de Montero, Citlaltepec, Ilialtenco y Maninaltepec; luego hay otra empresa que tiene tres concesiones que se llama Corazón de las Tinieblas", declaró Roberto Gamboa.

Explicó que una buena parte de la montaña está llena de minas y si los empresarios extranjeros han venido para hacer expropiación, es porque el gobierno quitó derechos al hacer la Reforma al Artículo 27 Constitucional, donde están los derechos de las tierras, porque ahora ya las pueden rentar, y antes no podían entrar las empresas extranjeras, pero ya se puede.

Ante varios ejidatarios y estudiantes, aseguró que las vetas y concesiones mineras en la Montaña y en la Costa Chica, se dieron a cuatro empresas en Zapotitlán, Corazón de Tinieblas, La Diana y Goliath que están haciendo investigaciones en varias comunidades.

Las causas de la aprehensión de Nestora Salgado, durante más de 3 años nunca fueron esclarecidas, en una entrevista realizada en la cárcel por Gloria Muñoz, publicada en la revista electrónica Des Informémonos reveló

"Nosotros no nos brincamos las trancas. Nosotros tomamos en cuenta al gobierno y queríamos caminar de la mano con él. Ésta no era una lucha contra el gobierno, sino contra la gente que nos estaba haciendo daño, que ahora veo que son los mismos, que no hay una línea divisoria"

Un reportaje publicado el 8 de noviembre de 1999 en el suplemento La Hojarasca de La Jornada estimaba en 80 mil 500 toneladas las reservas de minerales metálicos en la región de La Montaña de Guerrero

El gobierno de Guerrero sugiere que la explotación de las riquezas minerales de La Montaña terminará al fin con la extrema pobreza de las comunidades indígenas y campesinas. Asegura que generará empleos con derechos laborales, desarrollo social, no afectará el entorno ecológico y evitará la migración. Sin embargo, es sabido que en la minera Nukay de Guerrero, los trabajadores son obligados a trabajar sin las mínimas medidas de seguridad, no cuentan con seguro social, comedor ni baños, y lesionan profundamente su salud con el uso de sustancias necesarias para el beneficiado. Los vertederos de la misma empresa llegan hasta las aguas del río Balsas y lo contaminan, provocando entre los pobladores ribereños severas enfermedades dermatológicas.

Es muy conocido que la operación de la mayor parte de los proyectos mineros se caracteriza por generar procesos de expulsión de la población oriunda. ¿Acaso las comunidades indígenas y campesinas de La Montaña serán la excepción?

Actualmente existen fundos con explotación menor en Atlixtac, Tlapa, Zapotitlán, Acatepec,

Olinalá, y Huamuxtitlán, de los que se extraen plomo, plata y zinc. En Cualac y Xochihuehuetlán se han

detectado reservas de carbón. En Ixcateopan hay extracción de cuarzo y amatista, y existe una planta de reducción de plomo y plata en el municipio mixteco de Malinaltepec. Las comunidades que viven en losmunicipios mineros tienen mucha resistencia a que se realicen proyectos de mayor envergadura, ya que por años han padecido la intrusión de "personal que se dice de empresas o dependencias de gobierno que llegan a las comunidades, hacen trabajos de exploración, encuentran el metal y se lo llevan. No respetan las tierras ejidales y destruyen su siembra, su único sustento. Por eso no les tienen confianza.

Pues no, no ha muerto la gallina de los huevos de oro, pero tampoco las formas de acumulación de la riqueza mediante la violencia y la pobreza forzada.

Volver a las formas de producción cooperativa que antecedieron al capitalismo industrial, podría ser la respuesta, pero para eso sería necesario un gobierno con un proyecto social que no existe en México, como tampoco un proyecto político alternativo que lo sustituya con mejores argumentos que la desaparición de la mafia del poder.

Acumulación de la riqueza, Marx y Violencia Electoral

La acumulación de la riqueza está asociada a la expropiación de la fuerza de trabajo y a la violencia, según explica Karl Marx en los capítulos XXIV y XXV del Capital.

En este ensayo procuraremos demostrar que esta hipótesis se cumplió en las elecciones del pasado 4 de junio de 2017 en el Estado de México mediante la coacción, la amenaza de pérdida de fuentes de trabajo, sobre todo a comerciantes y concesionarios de transporte, y la violencia económica y física.

Dos cartones publicados en un mismo día tras las elecciones, en dos diarios de circulación nacional, de tendencias incluso opuestas repiten al menos dos elementos sustanciales.

En un basurero a cielo abierto hay un mapache y cabezas de cerdo, igualmente en el otro cartón también hay un mapache y una cabeza de cerdo que aparentemente han sido sustraídos de una urna electoral.

El símbolo de las cabezas de cedo ensangrentadas

tienen un origen común, la noticia de que varias de estas fueron dejadas frente a oficinas del Movimiento de Regeneración Nacional en Tlalnepantla, Estado de México.

Los mapaches son el símbolo de una vieja práctica electoral en México y simbolizan, por el aparente antifaz que estos animales llevan sobre los ojos, a los delincuentes electorales, encargados de acarrear votantes, obligarlos a votar por el PRI, y tomar una fotografía de la boleta, para luego recibir un pago en efectivo además de la promesa de gestionarles las escrituras de un predio asentado en terrenos ilegales o la conservación de su comercio en mercados públicos; o la promesa de que no serán molestados si continúan operando en la vía pública, aunque finalmente esto no les exonerará de pago de derecho de piso a inspectores.

Marx habla de la privatización de los medios de producción. En este caso se cumple con la PRIvatización del poder público, que se concentra en un solo partido, a saber, el de las tres letras capitales que son las siglas de su nombre: Partido Revolucionario Institucional.

El origen de la violencia, según explica Marx, se encuentra en la expulsión de muchos habitantes del agro que despojados de sus medios de producción campesina tienen que huir a las ciudades.

Esto que Marx aplicaba a la Europa de la segunda mitad del siglo XIX siguió teniendo vigencia plena en el México del último cuarto del siglo XX y aun a principios del XXI, cuando decenas de miles de personas, particularmente provenientes de Oaxaca, llegaron a asentarse a los municipios conurbados de la Ciudad de México para emplearse como obreros o trabajadores manuales.

Sus cabañas de madera fueron instaladas en terrenos vendidos por lotificadores fraudulentos que ofrecían todos los servicios, sin ser esto cierto, o en otros casos simplemente se asentaron en el lecho desecado de antiguos lagos o al borde de canales de aguas negras, como es el caso de una buena parte de Chimalhuacán.

En la teoría Marxista las personas no tenían nada que vender más que a sus propias personas, en la praxis priista lo que se compra son los nombres de estas personas junto con las claves de sus credenciales electorales.

La riqueza de unos pocos, dice Marx, en el Capítulo XXIV del El Capital "crece continuamente, aunque sus poseedores hayan dejado de trabajar hace mucho tiempo", lo mismo se puede aplicar a la Casta PRIvina, como se puede parodiar a la Casta Divina de Atlacomulco que, por varias generaciones, como cualquier monarquía, se ha enriquecido con el usufructo del poder en el Estado de México.

Marx habla de un mito prevaleciente que consiste en considerar que la élite dirigente está constituida por personas laboriosas y talentosas, mientras que los otros son holgazanes. Esto pudiera coincidir si atribuimos sólo a la mayoría de votos el triunfo de un partido y a la desorganización de los otros y a su impericia para organizar alianzas y acuerdos con la sociedad el fracaso de los otros.

Esto, que no deja de ser cierto, no lo explica todo.

Oficialmente el costo de las cuatro elecciones realizadas en México en 2017 ascendió a 4,028 millones de pesos. Numerosos medios documentaron antes, y durante el 4 de junio, las reuniones celebradas en oficinas del PRI donde se recaudaban fondos para la compra de votantes. Su expresión más trágica fue el asalto a oficinas del Partido en Ciudad Nezahualcóyotl que se saldó con el asesinato de cinco personas, varios de ellos policías, como lo reportaron los medios mexicanos en sus ediciones del 5 al 7 de mayo de 2017.

Suponiendo que el pago de cada voto inducido alcanzara un promedio de 10 mil pesos, según estimaciones muy conservadoras y que los 300 mil votos de diferencia que le dieran la ventaja al PRI hubieran costado 10 mil pesos cada uno, su "inversión" habría alcanzado los 3 mil millones de pesos ¿exagerado? ¿De dónde se habría obtenido esta cuantiosa suma? Una parte posible del gasto social. El recorte del propuesto al gasto público en 2017 alcanzó los 239 mil 700 millones de pesos.

Más Marx y más lecciones de la elección

La acumulación original de la riqueza, según Marx, está asociada a la violencia, la piratería y el robo...igual que las elecciones en el Estado de México a juzgar por el secuestro del representante de Morena en Atlacomulco, la acumulación de cabezas de cerdo y cruces en las oficinas del mismo partido en Tlalnepantla y las miles de llamadas para que no se presentaran a las casillas los presidentes designados, de manera que fueran sustituidos por los primeros ciudadanos colocados en fila para votar, convenientemente colocados por el PRI.

En el apartado uno del Capítulo XXIV de El Capital, denominado El Secreto de la Acumulación Originaria, Marx establece:

Obreros libres en el doble sentido de que no figuran directamente entre los medios de producción, como los esclavos, los siervos, etc., ni cuentan tampoco con medios de producción de su propiedad como el labrador que trabaja su propia tierra, etc.; libres y desheredados. Con esta polarización del mercado de mercancías se dan las condiciones fundamentales de la producción capitalista.

Esperamos no caer en los excesos del sofismo si comparamos a esos obreros libres con los concesionarios de locales en mercados públicos quienes son parte importante del voto del PRI del llamado Sector Popular.

La práctica de dotar de locales comerciales en mercados públicos a fieles partidarios no es exclusiva del PRI. Ha sido igualmente común en, por ejemplo, la administración de Dolores Padierna en la delegación Cuauhtémoc de la Ciudad de México, pero sí es un punto distintivo de la cooptación de votos.

Los locatarios son de alguna manera obreros libres e incluso empresarios libres si se considera que ellos deciden a quien le compran la mercancía y cuál es su margen de utilidad, pero no son dueños de sus medios de producción si tomamos a estos como sus centros de trabajo. Estos mercados públicos siguen siendo propiedad del municipio, y en su caso, de los partidos políticos que encabezan esos municipios.

COMO FUE EXPROPIADA DEL SUELO LA POBLACION RURAL

Este es título del segundo apartado del capítulo destinado por Marx a la acumulación originaria y también deja lecciones sobre la elección en el Estado de México porque es en las zonas rurales, y no en las urbanas, donde el PRI obtiene su votación más copiosa, lo que no necesariamente tiene que ver nada más con las condiciones más favorables para el fraude, sino con el descuido casi absoluto de los partidos de oposición a las necesidades campesinas.

En la edición del periódico oficialista La Razón del lunes 12 de junio de 2017, la nota principal de portada anuncia "Indígenas se quejan de que en Morena les llamen hambreados, lagartijas"

Y expresa a la letra en los cinco primeros párrafos

La senadora de la bancada del Partido Trabajo (PT)-Morena, Layda Sansores, llamó "lagartijas y tepocatas" a los originarios de las zonas donde perdió el partido de Andrés Manuel López Obrador en el Estado de México, a lo que legisladores del PRI y el PAN en el Congreso de la Unión respaldaron a los pueblos indígenas que la denunciaron por discriminación.

El miércoles pasado, la también integrante de la Comisión de Derechos Humanos en la Cámara alta, escribió en su cuenta de Twitter: "Edomex #fraudelectoral @delfinagomeza gana en concentraciones y pierde en zona de tepocatas y lagartijas con el voto del hambre".

Ello provocó que representantes de los pueblos indígenas del Estado de México exigieran una disculpa pública de Sansores por sus declaraciones publicadas en sus redes sociales.

Martín García, considerado jefe supremo náhuatl en Malinalco, informó que interpusieron una denuncia contra la legisladora ante el Consejo Nacional para Prevenir la Discriminación (Conapred).

En conferencia, exigió que las comisiones nacional y estatal de Derechos Humanos den seguimiento a esta queja, además de que lamentó las declaraciones "denigrantes" de la senadora y reprochó su falta de respeto hacia los pueblos originarios.

El argumento utilizado por la senadora Layda Sansores en su cuenta de twitter fue que el gobierno usa y explota a los campesinos, pues aunque el nivel de vida rural en el Edomex es inferior al de Angola, más del 60 por ciento participó y votó en favor del PRI, un nivel de votación similar al de los países más desarrollados como es el caso de Suecia.

Independientemente de la validez del argumento de la senadora Sansores, el hecho es que los partidos de oposición en el Estado de México enfocaron sus propuestas en las zonas urbanas y suburbanas pero nada se supo de sus argumentos en favor de la soberanía alimentaria, la producción campesina, o vaya, siquiera sobre la posibilidad de aumentar las escuelas normales rurales, como las impulsó en su momento Lázaro Cárdenas al sentar las bases del Partido Nacional Revolucionario.

> Aunque fueron liberales urbanos y antireeleccionistas los que impulsaron la Revolución Mexicana, fueron en su mayoría campesinos los que la hicieron posible cuando se hizo cada vez más común que la autonomía de los ayuntamientos, establecida en la Constitución de 1857, fuera letra muerta para los pobladores y favorable para los hacendados y latifundistas.

> Françoise Xavier Guerra dice que el 88 por ciento de la población en tiempos de Díaz vivía en zona rural. En el 2017, en el Estado de México, datos del INEGI indican que el 22 por

ciento de la población vive en localidades campesinas y el 78 por ciento en urbanas.

Naucalpan fue el único municipio del Estado en el que el Partido Acción Nacional obtuvo más votos, Ciudad Nezahualcóyotl fue para el PRD en sus tres distritos electorales. Estamos ejemplificando con las entidades de mayor densidad poblacional en el Estado de México, pero aun así, el puro conteo del voto rural, permitió al PRI una diferencia en su favor de varios cientos de miles de sufragios, independientemente de la manera en que los obtuvieran.

Y gran parte de este apoyo tiene que ver con los créditos a fondo perdido, estos son préstamos que se realizan para la producción agropecuaria sin la necesidad de devolverlos.

Estos fondos de la Secretaría de Agricultura se aplican básicamente a los productores de maíz y frijol, que son alimentos indispensables y básicos para la dieta de los mexicanos, pero que también elevan el conformismo de muchos campesinos que reciben 4 pesos por kilo de maíz, sin importarles que no obtengan ganancias ya que no van a pagar por los recursos para fertilizantes y abonos.

En lugar de fomentar las cooperativas agrícolas para la mayor producción y beneficio del sector campesino, el presidente Carlos Salinas de Gortari, emanado de las filas del PRI, dio luz verde a la venta de ejidos, lo que daba posibilidad a muchos campesinos de ver junto el dinero que no iban a poder reunir en toda su vida, pero que al mismo tiempo facilitó el trabajo a los lotificadores, quienes así pudieron saturar de viviendas precarias el cinturón de miseria del Valle de México para producir la mancha urbana más inhabitable del planeta, aunque esto represente hasta seis horas de traslado a los centros de trabajo, para millones de habitantes de la Zona Metropolitana.

Esto a su vez incrementó lo que Marx llamó en el Capítulo XXIII de El Capital, Ejército Industrial de Reserva: ... si la existencia de una superpoblación obrera es producto necesario de la acumulación o desarrollo de la riqueza sobre base capitalista, esta superpoblación se convierte a su vez en palanca de la acumulación capitalista, más aún, en una de las condiciones de vida del modo capitalista de producción. Constituye un ejército industrial de reserva, un contingente disponible, que pertenece al capital de un modo tan absoluto como si se criase y se mantuviese a sus expensas.

Lumpen proletariado

Pero más grave aún que los daños del ejército de desempleados "de Reserva" es el del lumpen proletariado o subproletariado, constituido por quienes ni tienen medios de producción, ni fuerza de trabajo y por lo tanto, tampoco conciencia de clase.

Esta carencia de todo, según Marx, los hace más susceptibles para dar apoyo a la burguesía, o en este caso que nos ocupa, al PRI. Aunque no es en El Capital donde el autor caracteriza al lumpen proletariado, sino en El 18 Brumario de Luis Bonaparte, nos ha parecido conveniente citarlo en esta parte para explicar el ejemplo que sirve de base a este ensayo.

Vástagos degenerados, aventureros de la burguesía, vagabundos, huidos de galeras, alcahuetes, mendigos, dueños de burdeles son algunos de los integrantes del lumpen proletariado, según los describe Marx, quienes eran susceptibles del apoyo de sociedades de beneficencia.

Características similares podrían atribuirse a las bases de apoyo al PRI, a los "mapaches" o a los arrojadores de las cabezas de cochinos en las oficinas de partidos de oposición.

Pero el conocimiento de las bases sociales de su electorado, por mucho que pueda valorarse o condenarse desde enfoques morales, no quita la realidad de la diferencia de votos en favor del PRI, votos contantes y sonantes que no desaparecen ni se anulan en todos los recuentos posibles.

Una notable casualidad

Aunque el conteo rápido que se dio a conocer alrededor de las nueve de la noche en el Instituto Electoral del Estado de México dio desde el principio una "tendencia favorable" al candidato del PRI Alfredo del Mazo, no ocurrió lo mismo con los resultados preliminares o PREP que hasta las 12:45 daban ventaja a la maestra Delfina Gómez, del Movimiento de Regeneración Nacional.

Pero justo a esa hora la Procuraduría General de la República anunció la captura en Panamá del exgobernador priista Roberto Borge y a partir de ese momento el PRI ocupó una delantera de la que ya jamás habría de bajar.

La explicación es la de siempre: los primeros resultados siempre son los de las cabeceras municipales de las zonas urbanas y los últimos en llegar los de las zonas rurales en las que por costumbre gana el PRI.

Si es así, la simultaneidad del anuncio de la Procuraduría con el cambio de resultados del PREP no podría atribuirse a una forma de violencia para acumular capital político a costa de lo que sea, sino a una simple casualidad.

Si es así nada tiene que ver el análisis de Marx sobre la acumulación original de la riqueza, con la violencia asociada a los resultados electorales del Estado de México y este ensayo habrá fracasado.

Pero si nada como pato, vuela como pato, y sabe a pato, la demostración de que si A es igual a C, y C es igual a B, entonces B y A son iguales, la comparación habrá funcionado. Violencia económica, violencia moral, coacción, despojo, las condiciones de la acumulación original de la riqueza descrita por Marx, serían las mismas en la preservación del capital político y económico de un solo partido en el Estado de México.

José Martí y Nuestra América

Hay algo simbólico en el hecho de que las primeras

impresiones del texto del autor romántico José Martí, Nuestra América, no se hayan hecho en su natal Cuba, sino en la nación de la que dice habría de cuidarse, por su imperialismo, Estados Unidos, y en el país al que por muchas décadas habría de considerarse el hermano mayor de América Latina: México.

Fueron la *Revista Ilustrada* de Nueva York y *ElPartido Liberal* de México las publicaciones que dieron a conocer este trabajo de Martí en enero de 1891.

Martí combina las ideas políticas con un lenguaje poético en un texto que inicia con estas palabras.

Cree el aldeano vanidoso que el mundo entero es su aldea, y con tal que él quede de alcalde, o le mortifiquen al rival que le quitó la novia, o le crezcan en la alcancía los ahorros, ya da por bueno el orden universal, sin saber de los gigantes que llevan siete leguas en las botas y le pueden poner la bota encima, ni de las pelea de los cometas en el cielo que van por el aire dormido(s) engullendo mundos. Lo que quede de aldea en América ha de despertar. Estos tiempos no son para acostarse con el pañuelo a la cabeza, sino con las armas de almoahada, como los varones de Juan de

Castellanos, las armas de juicio, que vencen a las otras. Trincheras de ideas valen más que trincheras de piedras.

Casi bastaría esta transcripción para comprender el significado de la carta, pero añadamos algunos elementos más para animar al lector que desee conocer el contenido original de este trabajo cuyo valor político es tan alto como su valor literario.

Nuestra América es una carta por la unidad "Los pueblos que no se conocen han de darse prisa para

conocerse". Llama a deponer las actitudes de quienes se tratan como hermanos celosos y dejar que el destino siga actuando por sí mismo, contraponiendo la marcha unida, un "andar en cuadro apretado, como la plata en las raíces de los Andes".

Apela Martí al orgullo de nuestras raíces para buscar nuestro destino sin la filosofía de los pueblos eurocéntricos

"Los hombres naturales han vencido a los letrados artificiales. El mestizo autóctono a vencido al criollo exótico. No hay batalla entre la civilización y la barbarie, sino entre la falsa erudición y la naturaleza".

Estudiar a los incas, dice Martí, es más útil que a los griegos. Busca que en América aprendamos de la lucha por la independencia de México, de la de los pueblos venezolanos y la de los argentinos en el Sur.

Martí llama al estudio de los problemas nacionales y a que se premie al que encuentre la mejor forma de resolverlos.

"Conocer es resolver. Conocer al país, y gobernarlo conforme al conocimiento, es el único modo de librarlo de tiranías".

A despecho de lo que iba a ser su propia y prematura muerte, en Nuestra América, José Martí proponía que con la solidaridad latinoamericana se aprendiera a pensar con orden para evitar morir, aún fuera con honra.

Referencias bibliográficas

i Cinco aberraciones fundamentales del capitalismo, Raúl Domínguez Martínez, coordinador, Editorial Palabra de Clio, México 2017

II Ibidem, página 34

iii Colección de las crónicas y memorias de los reyes de Castilla. Crónica de Don Alfonso el Onceno, Google Libros

iv Almacenamiento centralizado y comercio multicéntrico en México-Tenochtitlan, Rossend Rovira Morgado, en

http://www.scielo.org.mx/scielo.php?script=sci_arttext&pid=S0

185-39292014000200007

v http://www.historia.palacionacional.info/visita-

informativa/prehispanico/vida-cotidiana/53-la-ciudad-de-mexico-tenochtitlan.html

vi http://memorialdearqueologia.blogspot.mx/2016/05/el-perro-prehispanico-en-america-de.html

vii Ernesto de la Torre, Lecturas históricas mexicanas publicaciones digitales UNAM

http://www.historicas.unam.mx/publicaciones/publicadigital/libr os/lecturas/T1/LHMT

1_012.pdf

viii Nenomamictitzli el suicidio en el mundo náhuatl prehispánico, Patrick   Johansson   K,   en http://www.historicas.unam.mx/publicaciones/revistas/nahuatl/ pdf/ecn47/960.pdf ix Usos y costumbres funerarias en la Nueva España, María de los Ángeles Rodríguez Álvarez. Colegio de Michoacán en Coedición con El Colegio Mexiquense 2001

x Historia mínima de la Educación en México p. 136 Engracia Loyo, Anne Staples. El Colegio de México, 2010

xi 500 años de México en Documentos. Biblioteca digital en

http://www.biblioteca.tv/artman2/publish/1893_192/Discurso

_de_Justo_Sierra_sobre_inamovilidad_judici_87.shtml

ÍNDICE

- Causas y circunstancias que facilitaron la Conquista de México

  o Basado en John H Eliot, España, Europa y el Mundo de Ultramar, Editorial Taurus.

- Colonización y evangelización de la Nueva España

  o Basado en Antonio Garrido Aranda, Moriscos e indios. Precedentes hispánicos de la evangelización en México

    ▪ En la Nueva España

- Fray Bartolomé de las Casas, historiador por accidente de su profesión de abogado

  o Presentación

  o Fray Bartolomé de las Casas. El Autor

  o La Obra Histórica

  o LAS FUENTES

  o La Narración

  o El Sujeto y el Motor de la Historia

- De la medicina en Nueva España y primeros hospitales de especialidades

  o Basado en La medicina en la Nueva España, siglos XVI y XVII, Gerardo Martínez Hernández, Instituto de Investigaciones Históricas/Instituto de Investigaciones sobre la Universidad y la Educación, México, 2014

- Del Comercio entre Nueva España y Asia al Acuerdo Transpacífico o TPP

- La novela como fuente de información histórica de la Colonia

- Ciencia y salud a la conquista de Tenochtitlán y fundación de la Nueva España

  o Antecedentes tecnológicos de la conquista

  o Tecnología y conquista

  o Diferencia del desarrollo tecnológico

  o Naturalistas

  o Armas, gérmenes y acero

    ▪ Comunicación escrita

- SECCIÓN F: Latinoamérica Revoluciones e Independencias

- José Luis Rodríguez Alconedo

- El socialismo utópico como modelo de integración de estados latinoamericanos

  o La Larga Marcha

  o Utopía y Revolución. El socialismo antes del socialismo

  o Socialismo sin clase obrera

- Justo Sierra constructor de la estructura educativa de México

- o Antecedentes

- o Las vivencias educativas de Justo Sierra

- o El positivismo y el proyecto educativo para la nación mexicana

- o La Educación define a la Nación

- **SECCIÓN G: El Capital de Marx e ideas políticas del siglo XIX e inicios del XX**

  - o Huberman, Leo, Los bienes terrenales del hombre. Historia de la riqueza de las naciones

    - Del Feudalismo al Capitalismo, con las cruzadas como bisagra

    - La medida de la riqueza

- La época de la Burguesía

  - o Crisis y desenlace de las revoluciones de 1848

    - Las revoluciones de 1848

    - Socialismo utópico ¿Romance o ciencia?

- Lucas Alamán y la Organización de Estados Americanos un siglo antes de su existencia

  - o El Méjico con j de Lucas Alamán y su compromiso con la historia

- El Positivismo como filosofía para crear la historia del futuro reformando la educación...

y su influencia sobre los "Científicos" Mexicanos

- o Del positivismo al cientificismo

- Reseña de La ética protestante y el espíritu del Capitalismo

- Violencia, acumulación original de la riqueza suelo y subsuelos en México

  - o Fuerza de trabajo propia y excedente

- Acumulación de la riqueza, Marx y Violencia Electoral

  - o Más Marx y más lecciones de la elección

  - o COMO FUE EXPROPIADA DEL SUELO LA POBLACION RURAL

  - o Una notable casualidad

- José Martí y Nuestra América

Made in the USA
Columbia, SC
06 August 2022

64431309R00086